PARIS-Spaziergänge

Bibliografische Information der Deutschen Nationalbibliothek:
Die Deutsche Nationalbibliothek verzeichnet diese Publikation
in der Deutschen Nationalbibliografie; detaillierte bibliografische
Daten sind im Internet abrufbar über:
< http: // dnb.d-nb.de >

© 2008 Hella Broerken
Satz, Umschlaggestaltung, Herstellung und Verlag:
Books on Demand GmbH, Norderstedt
ISBN: 978-3-8334-7461-3

Fotonachweis:
Gisela Pott, Ismaning, Seite 13, 17, 127,
alle anderen von der Autorin.

Inhaltsverzeichnis

Praktische Informationen

HINKOMMEN: Möglichst nicht mit dem Auto. Die meisten Hotels verfügen über keine eigenen Parkplätze und öffentliche Parkhäuser sind teuer (mindestens 30 € am Tag). Die Alternative: fliegen, oder wie ich es stets bevorzuge, mit der Bahn fahren. Der Hochgeschwindigkeitszug Thalys startet in Köln und ist 3:50 Stunden später am Gare du Nord. Der TGV fährt z.B. ab Stuttgart und München.

www.thalys.de oder www.tgv.com / de

WOHNEN: Bei einem Aufenthalt von wenigen Tagen residiere ich in einem meiner kleinen, gemütlichen Lieblingshotels: dem Hotel "Jeanne d'Arc" im Maraisviertel oder im Hotel "Des Grandes Écoles" im Quartier Latin. Bleibe ich eine Woche und länger, was meistens der Fall ist, miete ich praktischerweise ein Appartement. Suchen Sie sich eine Bleibe im 1., 4., 5. oder 6. Arrondissement, dann wohnen Sie in der Nähe der Seine, wo sich die allermeisten touristischen Highlights befinden und wo man auch Abends sicher durch die Stadt der Lichter flanieren kann.

www.parishotels.com und www.france-hotel-guide.com (Hotels) oder www.lodgis.com und www.fewo-direkt.de (Appartements)

SICH FORTBEWEGEN: Mit Metro oder Bus kommt man überall hin. An der erstbesten Metrostation holen Sie sich einen Metroplan und einen Busplan (kosten nichts) und gleich einen Zehnerpack Tickets, „Carnet" genannt, das preiswerter ist als Einzelfahrscheine. Wer sich vor der Reise schon einmal mit dem Metroplan vertraut machen will, kann ihn sich unter www.parisinfo.de ausdrucken. Metrotickets sind auch gleichzeitig Busfahrscheine. Wenn der Bus kommt, kurz winken, sonst fährt er auch gerne mal vorbei ohne anzuhalten.

Eine schöne Art Paris zu erkunden bietet der Batobus. Die Boote fahren im 20-Minuten-Takt die Seine rauf und runter. Die Tageskarte kostet 12 € und man kann den ganzen Tag ein- und aussteigen, wo man will und so oft man Lust und Laune hat. Haltestellen sind z.B. am Louvre, Invalidendom, Musée d´Orsay, Notre Dame, Eiffelturm und Hôtel de Ville. www.batobus.com

Wer viel zu Fuß unterwegs ist (und das sind wir Stadtspaziergänger/innen ja allemal) braucht einen guten, detaillierten Stadtplan. Man kann sich im heimischen Buchhandel den Falk-Stadtplan besorgen oder vor Ort den Michelin-Stadtplan oder das handliche Büchlein „Paris par Arrondissement" kaufen, welches ich bevorzuge. Man klappt es auf wie ein Taschenbuch und braucht nicht in Wind und Wetter mit einem Faltplan zu kämpfen, sehr praktisch. Gibt es in fast jedem Buchladen (Librairie) in Paris.

Die Fahrradleihstationen „Vélib" findet man seit dem Frühsommer 2007 unübersehbar an vielen Straßen und Plätzen. Sie sind in erster Linie für Paris-Bewohner gedacht, um den Berufsverkehr zu entlasten. Für Touristen nur zu empfehlen, wenn sie sich gut in den Nebenstraßen auskennen, die weniger frequentiert sind. Wer einmal im Kreisverkehr rund um den Triumphbogen rotiert kommt niemals wieder hinaus.

ESSEN UND TRINKEN: Der Franzose nimmt sein Frühstück (Petit Déjeuner) in der Regel am Thresen der Bar um die Ecke ein und zwar einen Café noir und ein Croissant. Wenn Sie es genauso machen wollen, bleiben Sie an der Theke stehen. Sobald man sich an einen Tisch setzt wird es teurer. Mittags zum Déjeuner werden in den meisten Restaurants die preiswerten Plats du jour angeboten, das sind zumeist dreigängige Menüs, die auf Schiefertafeln angepriesen werden. Abends zum Diner sind Menüs erheblich kostspieliger.

Ein Fauxpas ist es, im Restaurant oder Café den erstbesten freien Tisch anzusteuern. In Paris bleibt man schön brav am Eingang stehen und wird vom Personal an einen Tisch geleitet. Für das Trinkgeld gibt es keine festen Regeln, man lässt einfach ein paar Münzen auf dem Tisch liegen.

Vorsicht bei Getränken, sie können den Etat arg strapazieren. Tagsüber kauft man sich Getränke am besten im Supermarkt, um sich nicht jedes Mal, wenn man Durst bekommt, in ein Café setzen zu müssen, wo die kleine Flasche Mineralwasser schon mal locker 5€ kosten kann.

SPRECHEN: Man muss Französisch nicht unbedingt beherrschen, um in Paris klar zu kommen. Ein höfliches „Bonjour" oder „Pardon" und „Merci" wirkt oft Wunder, denn die Franzosen sprechen auch Englisch und sogar Deutsch, wenn es sein muss. Dass die Parisienne außer ihrer Heimatsprache nichts verstehen ist ein Vorurteil, das sich allerdings hartnäckig hält. Ich weiß nicht warum. Vielleicht kommt es immer darauf an, wie man ihnen begegnet, als höflicher oder als genervter Tourist. Ein kleines Wörterbuch tut gute Dienste, auch beim Entziffern der Speisekarten.

REISEZEIT: Paris hat durchgehend Saison. Ich liebe besonders den Frühling in Paris, wenn die Bäume in voller Blüte stehen und das Licht klar und rein ist. Auch im Juli / August bin ich jedes Jahr wieder dort, dann lockt der Stadtstrand, der "Paris Plage", an die Ufer der Seine. Im August ist Paris nur halb so voll, weil man kollektiv in die Sommerfrische fährt. Viele Läden, Restaurants und kleinere Museen bleiben um diese Zeit allerdings geschlossen, macht aber nichts, es sind immer noch genügend geöffnet.

PROGRAMM: Was ist los in Paris, wenn ich gerade da bin? Das "Pariscope", ein wöchentliches Programmheft, erscheint jeweils Mittwochs und gibt Auskunft über Konzerte, Feste, Theaterprogramme, Ausstellungen ect., einschließlich Öffnungszeiten und Eintrittspreise. Erhältlich an jedem Zeitschriftenkiosk für 40 Cent. Am besten gleich nach der Ankunft besorgen. Eintrittspreise, die ich im Text angebe, sind stets Preise für ein Normalticket. Es gibt oft Ermäßigungen oder Kinder und Jugendliche bis 18 Jahre haben freien Eintritt.

SICHERHEIT: Ich bin niemals in Paris überfallen, bestohlen oder sonstwie belästigt worden, obwohl ich meistens allein unterwegs bin, um für meine Bücher zu recherchieren. Aber in vielen Reiseführern wird die Angst geschürt mit der Behauptung, Paris sei ein besonders "heißes Pflaster". Ist es aber nicht, wenn man sich entsprechend verhält. So zu tun, als sei man ein souveräner Paris-Bewohner (und kein hilflos umher irrender Tourist) ist generell von Vorteil. Wo viele Menschen zusammen kommen sind immer auch ein paar "Langfinger" darunter, vor allem in der Nähe touristischer Highlights: auf den Treppen vor Sacré Coeur, auf den Champs Élysées, vor Notre Dame. Sobald es eng wird nehme ich meinen Rucksack ab und halte ihn vor dem Bauch mit beiden Händen fest, in der Metro sowieso. Geldbörsen gehören nicht in Hosen- oder Manteltaschen. Ich stecke sie stets in ein Innen liegendes Reißverschlussfach meines Rucksacks oder meiner Jacke. Man muss auch nicht sein gesamtes Bargeld mit sich herumschleppen. Nach 23 Uhr fahre ich nicht mehr mit der Metro, sondern nur noch Bus oder Taxi, wenn es denn sein muss, ansonsten gehe ich zu Fuß. Da ich stets zentral in der Innenstadt wohne, ist dies kein Problem.

MEINE SPAZIERGÄNGE: Start und Ziel ist immer eine Metrostation. Zeitangaben habe ich bewusst nicht gemacht.

Manch einer spaziert flotten Schrittes, andere bummeln gemütlich drauflos. Jeder soll nach seiner Fasson glücklich werden in den Straßen von Paris. Achten Sie im Text auf Öffnungszeiten oder Markttage, damit Sie den Spaziergang darauf entsprechend abstimmen können. Haken Sie nicht ein Ziel nach dem anderen ab, sondern nehmen Sie sich Zeit zum Herumstöbern in den Läden, für einen Café Crème auf der Bürgersteigterrasse, für einen Blick nach oben zu den schönen Fassaden und Balustraden, für eine Picknickpause im Park und einem Besuch im Museum. Was Sie heute nicht schaffen machen Sie ein anderes Mal. Es wird bestimmt nicht ihr letzter Aufenthalt gewesen sein, denn Paris bleibt das Sehnsuchtsziel ein Leben lang.

Notizen:

Hereinspaziert!

Postkartenansicht auf Notre Dame

4./5./6. Arrondissement

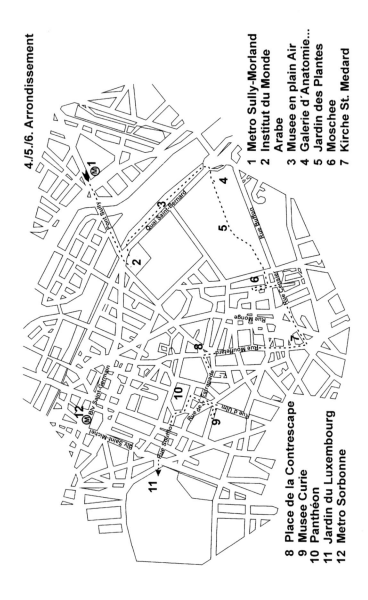

1 Metro Sully-Morland
2 Institut du Monde
  Arabe
3 Musee en plain Air
4 Galerie d'Anatomie...
5 Jardin des Plantes
6 Moschee
7 Kirche St. Medard
8 Place de la Contrescape
9 Musee Curie
10 Panthéon
11 Jardin du Luxembourg
12 Metro Sorbonne

Im Quartier Latin

Metrostation: Sully-Morland
– Von Seine-Ufer zum Jardin du Luxembourg

Wenn ich längere Zeit nicht in Paris war und stehe dann endlich wieder auf einer Seine-Brücke, egal auf welcher, überkommt mich ein Glücksgefühl, eine Leichtigkeit des Seins, die ich nur in dieser Stadt verspüre und jedesmal bin ich wieder überrascht, wie wunderschön Paris doch ist. Mein Herz hüpft vor Freude über meine Rückkehr (ein wenig Pathos sei in diesem Moment erlaubt).

Schiffe brummen unter mir vorbei. Von irgendwoher weht Straßenmusik herüber. Ein Pärchen sitzt eng umschlungen auf der Kaimauer. Rechts sehe ich das protzige Hotel de Ville (Rathaus) und links ragen die Türme von Notre Dame aus dem Häusermeer. Eine alte Frau in Pantoffeln, die mit ihrem Hund Gassi geht, grüßt freundlich zu mir herüber: „Bonjour Madame". Ach, Paris …

Vielleicht geht es Ihnen ja auch so, denn mein Spaziergang führt Sie direkt auf den Pont Sully. Und wenn Sie auf der Brücke stehen, den Blick Seine abwärts gleiten lassen und ein leichtes Bauchkribbeln verspüren, dann ist es da das „Parisgefühl".

Was kann diese unvergleichliche Perspektive noch toppen? Vielleicht ein Ausblick von oben auf die Seine, die Brücken, die Ile Saint Louis, die Ile de la Cité und auf Notre Dame? Et voilà, folgen Sie mir. Das moderne Gebäude vor uns birgt einige Überraschungen.

Wir gehen zunächst rechts herum über den Place Mohammed V und dann durch die hohen Kuben aus weißem Marmor direkt auf die Fassade zu. Und was jetzt aussieht, als ob einige Hundert Fotolinsen von gigantischen Kameras auf uns gerichtet sind, ist ein ausgeklügeltes

Sonnenschutzsystem des genialen Pariser Stararchitekten Jean Nouvel, der dieses ultramodern anmutende Gebäude bereits vor gut 20 Jahren schuf. Damals haben Frankreich und viele Staaten der arabischen Welt das Projekt finanziert, um einen Ort zu haben, wo sich Orient und Okzident begegnen können, wo man Verständnis untereinander fördern kann mit Kunst, Kultur und Geschichte. Das "Institut du Monde Arabe" bietet Vorträge, Diskussionsforen, eine Bibliothek, ein Restaurant mit orientalischen Gerichten, Ausstellungen, im Sommer auch Kinovorstellungen open air, direkt vor der herrlichen Südfassade, und es hat eine schöne Aussichtsterrasse. Mit dem gläsernen Aufzug fahren wir bis zum 9. Stock und dann liegt uns die Seine zu Füßen. Der wunderbare Ansichtskarten-Panoramablick ist umsonst. Wenn Sie allerdings ein Tässchen Kaffee hier oben trinken wollen müssen Sie 5 € berappen.

Die Grünanlage dort unten rechts ist unser nächstes Ziel. Das "Musée de la Sculpture en plain air" zieht sich direkt am Seineufer entlang. Kunst am Quai! Die Werke namenhafter Bildhauer haben ihren Platz gefunden inmitten von Blumenrabatten, unter Trauerweiden, vor Parkbänken und auf Aussichtsterrassen. Die Seineschiffe tuckern durch die Szenerie und an lauen Sommerabenden schwebt man im eins! zwei! Tangoschritt! über die Tanzfläche aus Stein. Jeder der will tanzt mit und einer der´s kann ist immer dabei und gibt Anleitungen. Die Musik kommt vom Band und die Freude kommt von ganz alleine, zumal die Zuschauer begeistert applaudieren bei Fehlschritten und bei Könnern, ganz egal.

Am Ende des Parks, dort wo die Wasserpolizei ihre schwimmende Wache postiert hat, überqueren wir den Platz im Verkehrsgewühl und verschwinden hinter der eisernen Gartenpforte, dessen feine Schmiedearbeiten wie

Marmor und Metall: das Institut du Monde Arabe

goldene Speerspitzen in der Sonne glänzen. Wir befinden uns in der ältesten Gartenanlage von Paris, dem "Jardin des Plantes". Die Leibärzte von Ludwig XIII haben hier schon ihre Heilkräuter für allerlei Wässerchen und Tinkturen angebaut. 1640 wurde der Lehrgarten für Medizinstudenten dann auch für die Öffentlichkeit zugänglich und das gemeine Fußvolk konnte naturnah die Kunst der königlichen Gärten bewundern. Der erste öffentliche Park von Paris war geschaffen.

Doch ehe wir uns den wundervollen Pflanzenkombinationen zuwenden, gehen wir zunächst gleich links in das schöne, alte Art-Nouveau-Gebäude. Es beherbergt seit 1898 die "Galerie d'Anatomie comparée et Paléontologie" in einer lichten Konstruktion aus Glas und Stahl. Der Charme der vorherigen Jahrhundertwende nimmt den Besucher sofort mit auf die unglaubliche Reise durch ein verstaubtes Museum. Man wird empfangen von einer Karawane aus Knochen. Alle Wirbeltiere die jemals auf der Erde kreuchten und fleuchten sind vertreten, dominieren den Raum hoch zum Hallendach, wie Dinosaurier, Wal und Mammut, oder liegen fein säuberlich von Hand beschriftet in Glasvitrinen und Holzschubladen, wie die winzigen Fledermäuse. Die fleißigen Naturforscher aus dem 19. Jahrhundert haben ganze Arbeit geleistet und in ihrer Welt hat sich bis heute nichts geändert.

Draußen im Park geraten Blumenfreunde in Verzücken. Es gibt Beete mit farblich sortierten Anpflanzungen. Es gibt gemischte Rabatten mit Gräsern und Blattschmuck. Es gibt einen romantischen Rosengarten und ein Steingarten-Areal und glücklicherweise sind die Arten und Sorten auf kleinen Schildern notiert, so konnte ich mir eine Beetkombination Zuhause bereits nachpflanzen, ein kleines Plagiat der großen Pariser Gartenkunst. Die Spinnenblumen haben mir

Knochenkarawane in der Galerie d´Anatomie

allerdings die Raupen kahl gefressen, die übrige Bepflanzung fiel der Schneckenarmee anheim. Und hier im Jardin des Plantes ist nicht das winzigste "Raubtier" zu sehen. Alle Pflanzen strahlen in üppiger Pracht und Herrlichkeit. Ich werde es noch einmal versuchen und notiere: Hordeum jubatum, Dipladenia sanderi, Molucella laevis (was damit gemeint ist muss ich Zuhause dann nachschlagen). Eines kommt mir immerhin bekannt vor: die Rose "Louis de Funès".

Das prachtvolle Gebäude vor uns beherbergt das "Musée National d´Histoire Naturelle" und zeigt die große Galerie der Evolution anhand von ausgestopften und sonstwie präparierten Tieren. Kindergärten und Schulklassen bilden lange Warteschlangen im Foyer und davor. Da wir uns aber schon reichlich Skelette angesehen haben und eine Pause brauchen, gehen wir jetzt in das Café der *Moschee*. Dazu überqueren wir nur die Straße und schreiten durch das Ecktor, schon befinden wir uns in einem schattigen, im Sommer herrlich kühlen Innenhof, wo wir an kleinen Mosaiktischen unter dem Blätterdach von Feigenbäumen heißen, gesüßten Pfefferminztee schlürfen und dazu klebrige orientalische Patisserien schleckern. Um das orientalische Flair noch abzurunden, kann man sich auch eine Wasserpfeife bringen lassen. Der Ober erklärt kostenlos die Handhabung. Die Touristengruppe am Nachbartisch hat jedenfalls reichlich Spaß dabei, man gluckert und zieht und prustet und kichert.

Der Haupteingang zur Moschee liegt um zwei Ecken am Place du Puit-de-l´Ermite. Prächtig ist das Eingangstor zur kleinen maurischen Enklave inmitten von Paris. Eine Stippvisite ins Morgenland kostet 3 € pro Person. Im letzten Jahr waren es noch 2 €, aber gut, es ist zwischenzeitlich viel renoviert und restauriert worden. Herrlich sind die lichten Innenhöfe verziert mit wunderbaren blau-grünen

Innenhof der Moschee: 1001 Nacht in Paris

Mosaikwänden, die von marrokanischen Handwerkern gefertigt wurden, ganz im Stil der Großen Moschee in Fes. In Wasserbecken sprudeln Fontänen, die Sonne blendet im schneeweißen Marmor. Vor dem Gebetssaal stehen schön aufgereiht Schuhe, Sandalen und Latschen. Die fein geschnitzte Holztür ist offen, hinein darf man aber nicht. Eine Bibliothek, ein Hammam, Sozialräume, Läden und ein kleiner Garten gehören außerdem zur Anlage, die bereits in den 20er Jahren erbaut wurde. Über dem 1001-Nacht-Ambiente ragt das 33 Meter hohe Minarett empor.

Ich habe Hunger, Sie auch? Glücklicherweise ist die "Mouff" (Rue Mouffetard) nicht weit, eine alte, krumme, enge Marktstraße, die sich trotzig allen Auswüchsen der modernen Zeit entgegen stemmt, nicht immer erfolgreich, leider. Schnellimbisse und Crêpe-Buden halten stets Einzug wenn Touristenhorden anrücken. Die "Mouff" wird inzwischen in wohl jedem Reiseführer als nostalgisches "must see" angepriesen, aber es gibt sie dennoch, den Käsespezialisten, den Fischhändler, die Obststände und verrückte kleine Läden und Restaurants.

Ich habe schon viele Sonntag Vormittage unten an der Kirche St. Medard verbracht. Sonntag ist Familientag, dann gehört die Rue Mouffetard den Bewohnern des Viertels. Alle Läden sind geöffnet, die Obststände prall gefüllt, die Caféstühle besetzt. Väter schieben Kinderwagen in Richtung Bürgersteigterrasse der Restaurants, wo man sich Vormittags trifft, um einen Schwatz zu halten. Aus Einkaufskörben ragen die Baguettes heraus. Auf dem Platz vor der Kirche erklingt das Akkordeon und dann schnappen sich die Edith Piafs von heute das Mikrofon und schmettern die schönsten und schmalzigsten Chansons. Im Nu singt ein vielstimmiger Chor von Marktbesuchern mit. Am Obststand nebenan tänzelt der Verkäufer zwischen Pfirsichen und Kirschen im Takt. In der Schlange beim

Schlachter, wo ich gerade auf ein gebratenes Hähnchen warte, schmettern die Kunden hinter mir irgendetwas von l`Amour (natürlich) und klatschen rhythmisch in die Hände: "On fait la la la la la la!"

Ich gehe die "Mouff" hinauf und bezeichnenderweise klingt es hinter mir her: "Longtemps, longtemps, longtemps, après que les poètes ont disparu, leurs chansons courent encore dans les rues ..." (Lange, lange, lange, nachdem die Dichter gegangen sind, klingen ihre Lieder noch in den Straßen ...)

Ein Stück authentisches Pariser Leben, hier kann man es finden, Sonntags Vormittags, so gegen 11 Uhr, wenn die Messe in St. Medard zu Ende ist.

In dieser Gegend lohnt es sich besonders einen Blick auf Hauswände und Mauern zu richten. Die drei wohl populärsten Pariser Straßenkünstler, Miss Tic, Jef Aerosol und Nemo, haben mehrfach ihre Spuren hinterlassen

Mittags esse ich gerne bei "L'Assiette aux Fromages" (Hausnummer 25, nicht zu übersehen, da vor dem Eingang eine Kuh steht), Landschinken mit Käse, Rumpsteak mit Roquefort, Crème brulée, mmmhhhh. Mittagsmenüs gibt es ab 14 €. Abends ist im Restaurant "Casa Pepe", ein paar Häuser weiter (Nr. 5), Stimmung bis zum Abwinken. Zur leckeren spanischen Küche greifen die Mariachis in ihre Gitarrensaiten bis der Holzfußboden bebt und die Luft vibriert.

Aber wir befinden uns ja nach wie vor auf unserem Spaziergang durch das Quartier Latin und gönnen uns nach dem Essen einen Café Crème auf dem gemütlichen Place de la Contrescape, in dessen Mitte der Brunnen vor sich hin plätschert. Wenn Sie Glück haben, stehen ein paar kleine Hocker davor, mit ein paar Indern dahinter, und laden strapazierte Spaziergänger zu einer kostenlosen Massage ein (ein kleines Trinkgeld sollte man allerdings bereit halten).

Traditioneller Käseladen in der Rue Mouffetard

Wir reihen uns jetzt nicht in den Strom der Touristen ein, sondern gehen auf "Schleichwegen" zum benachbarten Panthéon, weil ich den Kontrast liebe zwischen dem Alltagsparis und dem Paris der Millionen Touristen, die jährlich über die Stadt herfallen. An einer kleinen begrünten Straßenecke, dem winzigen Place de l´Estrapade, spielen Kinder der Nachbarschaft mit den Hunden der Nachbarschaft, liest der Familienvater nach Feierabend seine Sportzeitung, halten ältere Frauen ein Schwätzchen und junge Mädchen kichern ununterbrochen in Ihre Mobiltelefone. Oder man sitzt einfach da und schaut was sich so tut. Ein paar Bänke unter Bäumen, ein Springbrunnen, mehr braucht es nicht, um inne zu halten vor dem brausenden Stadtleben. In Paris gibt es Hunderte dieser kleinen Squares. Bei uns würden Parkplätze daraus gemacht, da bin ich sicher, mit Faktor null an Lebensqualität.

Nur ein paar Meter weiter, gleich hinter der Hausreihe, kreuzt man wieder die Touristenroute und steht vor dem gigantischen Panthéon, dem Ruhmestempel der Nation.

Aber vorher besuchen wir noch die Wirkungsstätte der zweimaligen Nobelpreisträgerin Marie Curie und ihres Gatten Pierre, die beide ihre letzte Ruhestätte im Panthéon gefunden haben. Ihr Labor kann man besichtigen, es ist ganz in der Nähe und blieb original erhalten. Man hat den Eindruck, die berühmte Wissenschaftlerin und Erforscherin der Radioaktivität würde jeden Moment zur Tür herein kommen, sich ein paar Messinstrumente schnappen, den Bunsenbrenner anzünden und die Ergebnisse auf einen Block kritzeln. Das *Curie-Museum* liegt in der Rue Pierre et Marie Curie, ist also gar nicht zu verfehlen. Großformatige Fotos dokumentieren eindrucksvoll Leben und Wirken der leidenschaftlichen Physikerin und Chemikerin. Und wenn man sich dann noch die Originalschauplätze in den Laboratorien ansieht, wagt man gar nicht zu atmen, aus

Angst man könne das ein oder andere Radium inhalieren. Der Respekt vor dieser Wissenschaftlerin steigt nach dem Besuch des Museums jedenfalls gewaltig.

Kurz danach stehen wir vor dem *Panthéon*. Man blickt auf die monumentale Säulenhalle und die großen goldenen Lettern auf dem Giebeldreieck: Aux Grands Hommes – La Patrir Reconnaissante. Aha, das dankbare Vaterland widmet diese Ruhmeshalle also nur seinen großen Männern! Und wie sieht es mit den Heldinnen der Nation aus? Ich dürfe den goldenen Spruch nicht wörtlich nehmen, erklärt die freundliche Dame an der Kasse. "Aux Grands Hommes" hieße in diesem Fall einfach "Den großen Persönlichkeiten", denn immerhin habe auch Marie Curie hier ihre letzte Ruhestätte gefunden. "Sonst noch eine Frau?" "Nicht das ich wüßte!" Ich geh mal nachschauen unten in der Gruft.

Victor Hugo ist da, Emile Zola, Voltaire, Jean Jacques Rousseau, Louis Braille, Alexandre Dumas und viele andere Politiker, Wissenschaftler, Schriftsteller, Widerstandskämpfer, deren Vita die französischen Kinder sicher auswendig lernen, denn die Franzosen sind ein patriotisches Völkchen. Und ich finde doch noch eine Frau in der Krypta: Madame Berthelot, die ihren Mann, den verdienstvollen Chemiker Marcellin Berthelot, ins Pantheon begleiten durfte, als erste Frau übrigens. Monsieur Berthelot hatte nur Minuten nach dem Tod seiner Frau im Jahre 1908 Selbstmord begangen, weil er nicht ohne sie leben wollte, und deshalb ließ man sie auch im Tode vereint. Eine rührende Geschichte aus der Gruft.

Ich brauche frische Luft. Treppauf geht es zu den Emporen, auf das Querschiff und weiter über Treppen im Kuppelsockel, die auf eine innenliegende, kreisförmige Galerie führen. Achtung: der Anblick ist wahrlich schwindelerregend. Über mir die prächtig ausgestaltete Kuppel, unter mir die große Halle mit ihren monumentalen Säulen, die die mächtige Kuppel tragen, und mittendrin hängt das

Foucaultsche Pendel. Der Physiker Léon Foucault führte hier 1851 den Nachweis der Erdrotation durch. Das original Pendel befindet sich allerdings im Musée des Arts et Métiers im 3. Arrondissement, im Panthéon hängt nur eine eindrucksvolle Kopie.

Wendeltreppen führen noch weiter hinauf in luftige Höhen zu der äußeren Rundterrasse, die einen weiten Blick auf Paris ermöglicht. Unser zweiter "Höhenflug" heute, ach ist das schön!

Dort unten in greifbarer Nähe, diese wunderbare Parkanlage, soll der Endpunkt unseres Spazierganges sein, der berühmte "*Jardin du Luxembourg*".

Ich weiß noch genau was ich dachte, als ich zum ersten Mal den weitläufigen Park betrat, durch die lichten Baumreihen spazierte und plötzlich von der oberen Terrasse hinunter auf das gigantische Parterre mit seinen bunten Rabatten, den lindgrünen Holzkübeln mit meterhohen Dattelpalmen, dem alles dominierenden Wasserbecken und den vielen großartigen Skulpturen blickte, ich dachte:" Mon dieu, ihr größenwahnsinnigen Franzosen, müsst ihr immer so übertreiben? Geht´s nicht vielleicht auch ein bisschen bescheidener?" Das war kein Vorwurf, sondern Ausdruck grenzenloser Bewunderung.

Der "Luxembourg" ist der Lieblingspark der Pariser von der Rive Gauche, der linken Seite der Seine. Er ist das "Wohnzimmer" der Studenten der nahen Sorbonne, Wirkungsstätte junger Künstler, Treffpunkt der Alten, Sonntagsausflugsziel der Familien. Natürlich, die Touristen wuseln auch mit ihren Kameras dazwischen herum, aber man stört sich nicht daran, die meisten sind ohnehin in den Tuilerien auf der anderen Seite der Seine.

Der Jardin du Luxembourg ist auch mein Lieblingspark. Ich habe hier schon ganze Frühlings- und Sommertage verbracht, ohne mich großartig weiter zu bewegen. Man

Moderne Kunst im alten Medici-Brunnen

liest, man schaut, man isst ein Sandwich, man schaut, man trinkt einen Kaffee, man schaut, man liest, man döst ein wenig in der Sonne und wenn man gerade wieder schauen will, muß man gehen, weil die Gittertore zugeschlossen werden.

"Laisser faire, laisser passer" (lass es geschehen, lass es vorbeigehen), ich weiß nicht von welchem entspannten Franzosen dieser schlaue Spruch stammt, aber er könnte ihm hier eingefallen sein, auf einem dieser gemütlichen schweren, grünen Eisenstühle im Schatten einer Statue sitzend und vor sich hin träumend.

Königin Maria von Medici ließ die weiträumige Parkanlage und den Palast, in dem heute der Senat tagt, vor fast 400 Jahren anlegen. Ihr Gatte, König Heinrich IV, war 1610 von einem Meuchelmörder in seiner Kutsche erdolcht worden. Die Witwe brauchte Zerstreuung und wünschte sich ein klassizistisches Palais mit prächtigem Park, das sie an ihre Heimat Florenz und speziell den Palazzo Pitti erinnern sollte, in dem sie aufgewachsen war.

Der Medicibrunnen, rechts vom Palais, gleicht einer Grotte wie man sie in vielen italienischen Parks antrifft. Hier ist es an einem heißen Sommertag angenehm kühl und die Perspektive vom tänzelnden Faun bis hinauf zum Pantheon ist zu jeder Jahreszeit einfach grandios. Das Brunnenbecken wird oft für Kunstinstallationen genutzt, so ragt heute eine große Nase aus Polyester aus dem Wasser.

Überhaupt bildet der Park ein unerschöpfliches Refugium für Künstler und Kunststudenten der nahen Hochschulen. Das macht jeden Parkbesuch wieder auf's Neue spannend. Meerwasserblaue Bojen bilden heute dicke Farbkleckse unter dem Blätterdach der Bäume. Statuen sind plötzlich in Gewänder gehüllt. Nackte Kunststoff-Kreaturen klettern an Baumstämmen empor und wenn man hoch schaut, sieht man nur ihre blanken Popos aus dem Blätterwald blitzen. Die Kunstaktionen sind natürlich zeitlich begrenzt. Was bleibt sind die Statuen französischer Königinnen und edler Hofdamen. Von Bildhauern des 19. Jahrhunderts erstellt, blicken sie von der Galerie hinunter auf das große Wasserbecken und das dahinter liegende Palais. Was bleibt sind die kleinen Segelboote auf dem Teich, die Generationen von Kindern schon mit ihren Stöcken ins Wasser gestupst haben. Was bleibt ist der eiserne Musikpavillon aus dem gerade ein Harfenkonzert ertönt, deshalb schnappe ich mir jetzt einen Stuhl und rücke etwas näher an das musikalische Geschehen heran. Was bleibt ist das unvergleichliche heitere Flair in diesem Park, der Dichter und Denker und literarische Größen der vergangenen Jahrhunderte schon zum Flanieren anlockte. Und jetzt sind Sie hier, sitzen gemütlich am Fuße einer Statue, z.B. von Marguerite de Navarre, Schwester von König Franz I, und können die einzigartige Atmosphäre genießen.

Metro: Cluny / La Sorbonne (oder Bus: Luxembourg)

Infos

- Moschee (Mosquée de Paris): das Café hat tgl. von 9-23 Uhr geöffnet, die Moschee kann tgl. (außer Fr) von 9-12 und 14-18 Uhr besichtigt werden. Eintritt: 3 €.
- Galerie d'Anatomie comparée et Paléontologie: Tgl. 10-17 Uhr (außer Di), Sa und So von April – September bis 18 Uhr, Eintritt 5 €.
- Musée Curie: Rue Pierre et Marie Curie 11, tgl. 10-18 Uhr (außer Mo, Sa und So). Im August geschlossen. Eintritt frei.
- Panthéon: Tgl. 10-18.30 Uhr geöffnet, im Winter nur bis 18 Uhr. Eintritt: 7 €.
- Jardin du Luxembourg: im Sommer bis 21.00 Uhr geöffnet, im Winter bis 17 Uhr.

Jardin du Luxembourg, Lieblingspark der Pariser

18. Arrondissement

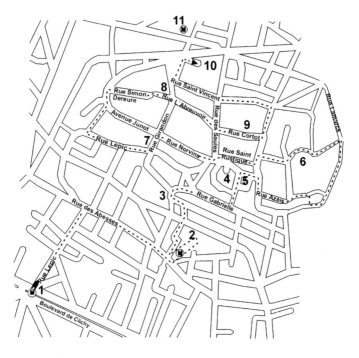

Montmartre-Momente

Metrostation: Blanche
– Diesseits und jenseits von Sacré Coeur

Es ist jedesmal wieder spannend an einer Metrostation das Licht der Außenwelt zu erblicken. Man geht durch die unterirdischen Gänge dem Ausgang (Sortie) zu, ohne zu wissen, was einen da oben erwartet. Man steigt die Treppenstufen hoch, blinzelt ins Licht und der Theatervorhang öffnet sich. Touristen klappen dann sofort ihren Stadtplan auf, um sich zu orientieren. Wo bin ich? Wo will ich hin? An welcher Straßenseite bin ich angekommen? Die Pariser gehen genau so schnell weiter, wie sie die Treppe hoch gestürmt sind und verschwinden sofort in der Masse der Passanten. Ich mache immer erst ein paar Schritte zur Seite, wo mich der Menschenstrom nicht so schnell erfassen kann und schaue mir die Szenerie an. Mal stehe ich inmitten exotischer Früchteberge, die sich auf hölzernen Markttischen türmen, afrikanische Frauen in bunten Gewändern feilschen und schwatzen und lachen. Dann wiederum hat mich die Metro auf eine Art Dorfplatz katapultiert: ein paar Kastanienbäume, ein paar Bänke, auf einer schlummert ein alkoholseliger Obdachloser umgeben von seinem Hab und Gut in Plastiktüten, ein Springbrunnen plätschert, davor döst ein Hund. Oder ich stehe vor einer riesigen Kirche, die den halben Himmel bedeckt, davor Hunderte fotografierender Touristen. Es kann aber auch sein, dass ich plötzlich vom tosenden Verkehr umgeben bin und nicht weiß, ob ich jemals die andere Straßenseite erreichen werde. Ich bin jedesmal neugierig auf das unbekannte Terrain, das mich jenseits der automatischen Durchgangsschleusen erwartet.

Nun also Anfang meines Spazierganges durch das 18. Arrondissement, die Metrostation „Blanche" am

Die Moulin Rouge am Boulevard de Clichy

Montmartre. „Butte" (Hügel) nennen die Pariser diesen Stadtteil.

Ich bin mitten im Sündenpfuhl gelandet. In der Vormittagssonne leuchtet rot die berühmte „Moulin Rouge", Varietébühne wohlgeformter Tänzerinnen, zu denen allabendlich mehrere Busladungen Touristen angekarrt werden. Ich habe mir die lasterhafte Windmühle viel größer vorgestellt, schließlich wurde hier der Cancan erfunden und ich erinnere mich an die berühmten Werbeplakate von Toulouse-Lautrec. Es muß wohl sein Stammlokal gewesen sein, denn er hat all die Schönen der Nacht auf Leinwand verewigt. Und das ist nun die sagenhafte Moulin Rouge? Sie steht eng in der Häuserzeile des Boulevard de Clichy, eingepfercht wie eine Playmobil-Spielfigur, in unmittelbarer Nachbarschaft von Sex-Shops, Videotheken, Erotik-Museum und mancherlei anderen Etablissements im Neon-Gewitter. Da gehe ich doch schnellstens und zielstrebig die Rue Lepic hinauf und bin gleich umgeben von friedlicher, dörflicher Idylle.

Obst- und Gemüsehändler arrangieren Türme von Früchten zu wahren Kunstwerken. Der Fischhändler garniert seine Auslagen mit einem Garneelenballett auf Petersilie. Aus Richtung Käsehändler riecht es streng und würzig. In der Charcuterie (Metzgerei) kracht ein Beil auf Knochen. Hausfrauen mit großen Einkaufstaschen machen ihre Besorgungen, probieren hier mal ein Stück Pfirsich, dort ein Häppchen Ziegenkäse. Die Rue Lepic ist nicht besonders breit und man ruft sich von einer Seite zur anderen „Bonjour!", „Salut!" und "Ca va?" zu.

Vor dem Haus Nr. 15, dem „Café Tabac des deux Moulins" bleibe ich stehen und staune nicht schlecht: alle Filmfreunde werden dieses Café sofort wieder erkennen, in der fabelhaften Welt der Amelie spielte es nämlich eine zentrale Rolle. Die Filmkulisse ist echt, einschließlich des Regals mit unzähligen Flaschen und Gläsern, die in der wunderbaren Komödie so wackeln und klirren.

Obsthändler, kleine Handwerksbetriebe und Boutiquen auch in der Rue des Abbesses. Man schlendert gemütlich von Auslage zu Auslage bis zum Place des Abbesses. Platanen säumen den kleinen Platz, darunter selbstverständlich Bänke, in der Ecke einer der gusseisernen grünen Trinkbrunnen im Jugendstil und dominant, das Art Nouveau Glasdach der Metrostation von Hector Guimard, hier noch komplett erhalten und beliebtes Fotomotiv.

Ein kleiner Park, der Square Rictus, grenzt unmittelbar an den Platz. Eine vormals wohl schäbige Hauswand wurde durch ein 40 qm großes, meerwasserblaues Mosaik aufgewertet, auf das in 250 Sprachen und Schriften der Welt der immer gleiche Satz eingraviert wurde: Ich liebe dich! Chinesische Schriftzeichen, Urdu, Hindi, Farsi, Bekanntes und Unbekanntes. "Je t´aime" klingt natürlich sehr romantisch und ist es wohl auch. Liebespaare schießen Erinnerungsfotos.

Was für eine Sprache ist eigentlich „Ick liebe dir"?

Gleich um die Ecke die erste imposante Treppe, la Butte will erklommen werden.

Weiter oben: Bänke unter Kastanien am Place Emile Goudeau direkt vor dem Timhotel. Ein alter Mann führt seinen Hund spazieren. Ein junger Mann klimpert auf seiner Gitarre und eine Schar Tauben scheißt alle Bänke voll. Ich setze mich auf eine Treppenstufe, verschnaufe und lausche ein wenig. Emile Goudeau war ein populärer Poet. Seine Bücher, Gedichte und Chansontexte beinhalteten viel Montmartrer Lokalkolorit. Er starb 1908 und wurde auf dem kleinen Friedhof St. Vincent, ganz in der Nähe begraben.

Ein Stückchen weiter kreuzt man den unermüdlichen Touristenstrom, der rechts herum dem Place du Tertre

Place Emile Goudeau

entgegen fließt, wo die Porträtmaler auf Kunden warten, eine permanente Touristen-Rush-Hour.

Also los, auf ins Getümmel! Zunächst die Rue Gabriel entlang und dann links, hinter der Efeu berankten Mauer, die Treppenstufen hochsteigen. Oben angekommen, kurz verschnaufen und dann umdrehen: die Aussicht ist wundervoll, nicht wahr?

Links herum, nur ein paar Meter weiter, befindet sich das *Dali-Museum*. Für 10 € (!) Eintritt gibt es nur einige wenige Werke des berühmten Surrealisten zu bestaunen. Mein Tipp: Nehmen Sie sich einen kostenlosen Prospekt vom Ständer am Eingang. Viel mehr als auf den Fotos darin abgebildet gibt es nicht zu sehen. Dann können Sie immer noch entscheiden, ob Sie den überhöhten Eintrittspreis dafür zahlen wollen.

Nur wenige Meter weiter befindet sich der Place du Tertre, ein charmanter, dörflich anmutender, romantischer Ort – so etwa morgens gegen 6 Uhr. Die übrige Zeit, Tag und Nacht, ist er vom Touristenrummel überrollt. Menschenmassen schieben sich von einem Porträtmaler zum anderen. Auch wenn man zwischen den Staffeleien und Hockern der Cafés herum stolpert herrscht irgendwie gute Stimmung im Gedränge. Die Künstler fordern freundlich jedes Gesicht zum Porträtieren auf („Du Deutsch? Englisch? Italienne?") und während man noch überlegt sind schon die ersten Striche gemalt. Also immer sofort „Non, merci!" antworten, auch wenn die Nachfahren von Toulouse-Lautrec ihren ganzen Charme auffahren. „Sie haben so eine wunderschöne Frau, Monsieur, es wäre ein Jammer wenn ich sie nicht malen dürfte!" Da strahlt die korpulente Madame ob derlei Komplimente und ihr Mann fühlt sich mächtig geschmeichelt. Wer kann dann noch „non" sagen? Der routinierte Maler zückt bereits seinen Kohlestift.

Noch um zwei Ecken und wir sind da, direkt vor Sacré Coeur, der weißen Kirche im Zuckerbäckerstil. Paris liegt uns zu Füßen. Ich muß gestehen, ich komme nicht mehr oft hierher. Der Touristenrummel ist mir einfach zu groß und zu laut. Aber wenn Sie zum ersten Mal hier sind, werden Sie überwältigt von dem grandiosen Ausblick sein. Achten Sie gut auf Ihre Habseligkeiten! Dies ist so ein Ort an dem die Taschendiebe Hochkonjunktur haben.

Wir umrunden die Kirche und pirschen uns nunmehr von ihrer Rückseite an den gemütlichen Teil von Montmartre heran, wo das babylonische Sprachgewirr der Reisegruppen verstummt ist, wo sich kein Kinderkarussell dreht und wo uns keine fliegenden Straßenhändler bedrängen.

Denn jetzt, fast nur einen Steinwurf entfernt: Tauben plätschern und plustern in einer Pfütze. Am Place Marcel Ayme tritt der bronzene Dichter aus einer gemauerten Wand, eine Hommage an den Künstler und seine Novelle „Der Mann der durch die Wand gehen konnte", gefertigt von Jean Marais, der offensichtlich nicht nur schauspielerische Qualitäten besaß. Marcel Ayme wohnte und dichtete in einem Haus schräg gegenüber und liegt auf dem kleinen St. Vincent-Friedhof begraben.

Ich schlendere gemütlich weiter zur oberen Rue Lepic. Malerateliers gibt es hier immer noch. Picasso, Renoir, Van Gogh, Braque, Modigliani, Corot, viele bedeutende Maler verhalfen der Butte Montmartre zu ihren legendären Ruf als Künstlerkolonie. Und in den heutigen Ateliers, was gibt es da zu sehen? „Les Chats de Montmartre" zeigt Katzen aller Couleur vor und neben der Basilika, auf Treppenstufen und in Hauseingängen. Es gibt Blumenbilder und Windmühlenbilder und Sacré Coeur- Bilder, aber auch moderne Kunst. Malerei und Bildhauerei sind immer noch auf Montmartre ansässig, obwohl die Mieten längst nicht mehr billig sind hier oben, mit dem herrlichen Blick auf Paris.

An der Ecke Rue Lepic / Rue Girandon steht sogar noch eine alte Windmühle aus Holz, die Moulin Radet und ein Stückchen weiter die Moulin de la Galette. Man muß den Kopf schon in den Nacken legen um sie sehen zu können, sie ragt oben aus einem kleinen Wäldchen hervor. Wie es früher dort zuging malte 1867 Pierre-Auguste Renoir. Sein Gemälde „Le Moulin de la Galette" kann man im Musee d`Orsay bewundern. Es sind dies die beiden letzten Windmühlen von ehemals wohl 30, die hier standen und Arbeitsplätze bedeuteten für einen Großteil der Bewohner rundherum. Die Moulin de la Galette war die erste Mühle die zum Tanzlokal wurde, lange vor der Moulin Rouge.

An der Rue Lepic Nr.65 befindet sich ein schmiedeeisernes Tor, der Eingang zu einer namenlosen Passage. Es geht einige Treppenstufen hinauf, wie ein heruntergefallener Meteor liegt ein mannshoher zerklüfteter Gesteinsbrocken mitten auf dem Weg. Die Bäume stehen dicht, es ist dämmerig trotz Mittagssonne. Ein paar Meter noch auf Kopfsteinpflaster bis zum zweiten schmiedeeisernen Tor, das direkt auf die Avenue Junot führt. Eine Bürgerinitiative hat vor ein paar Jahren ihr „Maquis", (Dickicht) vor Grundstücksspekulanten gerettet, die hier einen Parkplatz errichten wollten.

In der Avenue Junot und der gleich rechts um die Ecke gelegenen Rue Simon Dereure wohnen und arbeiten Künstler, wie so manche Reliefs an Hauswänden verraten. Am Ende der Straße wieder Treppen, rechts geht es hinauf zu einem kleinen Park mit Spielplatz und links führt die Treppe auf einen schmalen Pfad, der direkt auf dem Place Dalida mündet, einer gemütlich mit Bronzebüste, Baum und Bank eingerichteten Straßenecke. Dalida, die immer noch in Frankreich sehr populäre Chansonsängerin und Schauspielerin, wohnte in einer Villa auf Montmarte, ehe sie 1987 Selbstmord beging.

Die „Dorfstraße" Rue L'Abreuvoir

Blick voraus schwebt ein wenig unwirklich im Dunst wie eine Fata Morgana der Turm von Sacré Coeur.

Die Rue L'Abreuvoir vor mir hat das Flair einer gemütlichen Dorfstraße, hohe Bäume und Büsche hinter einer Natursteinmauer, Efeu umrankte Häuser, eine Sonnenuhr an der Hauswand, ein Vogel aus Stein im wuchernden Grün, an der Ecke ein einladendes Restaurant, das „Maison Rose". Madame schreibt gerade das Mittagsmenü auf die Schiefertafel neben dem Eingang. Ich trinke einen Café Crème in dieser friedlichen Kulisse ohne Autolärm und Menschenmassen. Die Vögel zwitschern, die Kellnerin faltet Servietten, der Kaffee dampft, und sonst tut sich gar nichts.

Auch ein Stück weiter, in der Rue Cortot, die gleiche dörfliche Atmosphäre. Das Haus Nr. 12 ist ein ganz besonderes und trotzdem verirren sich nur wenige Touristen hierhin. Es ist das älteste Haus von Montmartre. 1680 wurde es von einem Komödianten aus Molières Theatertruppe gekauft. Seitdem haben viele Künstler – Maler, Schriftsteller, Schauspieler – hier gewohnt und gearbeitet. Renoir war wohl der berühmteste Mieter. Er lebte 1875 einige Zeit im Dachgeschoss und konnte ungestört im Garten seine Staffelei aufstellen.

Die Künstler haben ihre Spuren hinterlassen, so war es nur konsequent, dass in das geschichtsträchtige Haus das *Montmartre-Museum* einzog. Es dokumentiert seit 1960 die wechselvolle Vergangenheit von „La Butte" in den renovierten kleinen Zimmern.

Ich habe das ganze Museum für mich allein. Im Vorgarten beobachtet mich eine Statue, ansonsten ist das Areal uneinsehbar. Ich stelle mir vor, wie die Maler, Dichter, Komödianten und all die anderen Künstler an so schönen Sommertagen wie diesen, hier draußen gesessen haben, malten und diskutierten, Sprech- und Gesangsproben von

Eingang zum beschaulichen Montmartre-Museum

sich gaben für die Abendvorstellung, während die Absinth-Flaschen kreisten.

„Fotografieren nicht erlaubt!", ein forscher Museumswärter steht vor mir und wird mich fortan nicht mehr aus den Augen lassen. „Erst die oberen, dann die unteren Räume!", lautet der Marschbefehl bei Eintritt des Gebäudes. Über 200 Jahre altes Clignancourt-Porzellan steht in Glasvitrinen. „Nicht anfassen!", kommandiert die Stimme hinter mir. Von den Fenstern hier oben hat man einen fantastischen Blick auf den einzigen noch erhaltenen Weinberg, der sich direkt hinter dem Museum ausbreitet. „Nicht das Fenster öffnen!", spricht die Stimme aus dem Hinterhalt.

Was gibt es noch zu sehen in diesem kleinen, wunderbaren Museum? Da wäre zunächst einmal ein echter Zinktresen, der Anno dazumal unbedingt zum Interieur der Montmartre-Kneipen gehörte, („Nicht anlehnen!"). Das Arbeitszimmer des Musikers Gustav Charpentier wurde rekonstruiert („Nicht reingehen, nur hinein schauen!"). Zahlreiche Bilder und Zeichnungen dokumentieren anschaulich und manchmal auch humorvoll, wie sich das Leben früher auf dem Hügel vor der Stadt abspielte. („Jetzt bitteschön weiter nach unten gehen!") Toulouse-Lautrec malte die Amusements der Bohème, vornehmlich in der Moulin Rouge. Maurice Utrillo verewigte die gekrümmten Kopfsteingassen, die Treppen-Kaskaden, die kleinen, an den Hügel geduckten Häuser Detail getreu auf Leinwand und Papier.

Ich muss gehen, der Museumswärter hält schon die Ausgangstür auf. Was macht der gute Mann nur wenn mehr als ein Besucher die Ausstellung frequentiert? Ich bedanke mich artig.

Links herum, gegenüber des weißen Wasserturms, geht es beschwingt bergab, Stufe um Stufe um Stufe. Sportlich gesehen ist der Montmartre-Hügel ein Freiluft-Fitness-Studio. Unten, von der Rue Saint Marcel aus, hat man jetzt einen wunderschönen Blick über den Weinberg hinauf auf das alte Museumshaus.

Und noch ein interessantes kleines Haus liegt am Weg, in der Rue des Saules Nr.4. „Au Lapin Agile" birgt hinter seiner roten Fassade und den grünen Fensterläden ein Kabarett mit langer Tradition. Den Chansons, Humoresken und der Poesie lauschten schon Picasso, Utrillo, Braque, Apollinaire und Modigliani, die zu den Stammgästen zählten. Heute bekommen zumeist junge Künstler hier ihre erste Chance auf den Brettern der Kabarett-Welt zu bestehen. Die Chansons sind aber die alten geblieben, sie werden gehegt und gepflegt und mit Leidenschaft und Verve vorgetragen.

Über der Rue Saint Vincent schwebt ein Wald. Die kleine grüne Enklave mit steilen Waldpfaden ist naturbelassen, ein Stadtdschungel im wahrsten Sinne des Wortes, aber leider wegen Sicherungsarbeiten geschlossen, wie ein Schild an der Eingangspforte Auskunft gibt. Motorsägen kreischen, Waldarbeitergeräusche auf Montmartre, wer hätte das erwartet?

Forschend umkreise ich als nächstes die hohe Friedhofsmauer des „Cimetière St. Vincent" auf der Suche nach dem Eingang. Dieser kleine Friedhof liegt an einem sonnigen Hang mitten im Montmartre-Geschehen und ist trotzdem nahezu unbekannt. Touristen lassen ihn links liegen, besuchen aber schon mal den großen „Cimetière de Montmartre" an der Avenue Rachel, wo Heinrich Heine, Jaques Offenbach und Francois Truffaut ihre letzte Ruhestätte fanden. Auf dem kleinen Cimetière St. Vincent befinden sich die Familiengräber der alteingesessenen Montmartre-Bewohner. Maurice Utrillo, der wie kein anderer Maler die Atmosphäre von la Butte einfangen konnte, liegt hier begraben, inmitten seiner Motive, die er so akribisch gezeichnet hatte.

Ich habe eine hübsche Geschichte über den kleinen Friedhof gehört, auch deshalb zieht es mich dorthin. In früheren Zeiten, als die Montmartre-Bewohner noch arm waren, schlichen die verliebten Jungs heimlich hierher, um von den frischen Blumenbouquets auf den Gräbern eine Rose zu stehlen und sie der Angebeteten zu schenken. Heute sind alle Rosen auf den Grabplatten aus Porzellan, wie ich entdecke, was allerdings die praktische Konsequenz aus der intensiven Sonneneinstrahlung sein mag. Kaum ein Baum schützt die Gräber vor der Hitze eines Sommertages und auch die Besucher nicht. Schweiß rinnt über meine Stirn. Bei gefühlten 50 Grad / Celsius kann ich mich hier nicht allzu lange aufhalten, obwohl ich gerne weiter durch die Gräberreihen geschlendert wäre. Die Aussicht ist einfach wunderschön. Man blickt auf Weinberg und Häuser rundherum und über allem schwebt der Turm von Sacré Coeur.

Unter schattigen Baumdächern in der lebhaften Rue Lamarck, direkt gegenüber dem Friedhofseingang, lockt die Terrasse des „Café Ginette": Gelegenheit zum Ausruhen und die neuen Eindrücke von Montmartre noch einmal gedanklich Revue passieren zu lassen.

Und dann muss ich einen wirklich grausamen Schlusspunkt meines ach so schönen Spazierganges erleben: Eine dieser „Eisenbahnen" knattert durch die Szenerie, die einen wohl in jeder Touristenhochburg und allen überlaufenen Stränden und Orten dieser Welt inzwischen begegnen. Hallo, reisende Männer! Wisst ihr eigentlich wie bescheuert ihr aussieht, mit kurzen Hosen in einer Art Kindereisenbahn hockend, die auf Gummirädern durch die Straßen zuckelt?

Metrostation: Lamarck / Caulaincourt

Infos
- Dali-Museum: „Espace Dalí", Rue Poulbot 11, täglich 10-18 Uhr, Eintritt: 10 €
- Musee de Montmartre: Rue Cortot 12, täglich außer Mo 11-18 Uhr, Eintritt 6 €
- Friedhof St. Vincent: Rue L. Gaulard, täglich 8-18 Uhr

Notizen:

4./3. Arrondissement

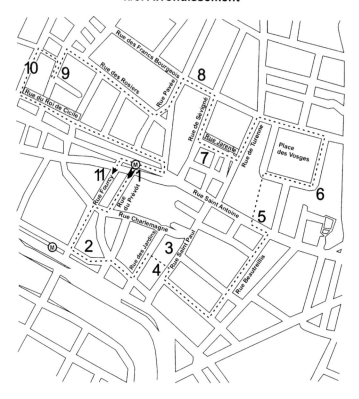

1 Metro St.-Paul
2 Hôtel de Sens
3 Village Saint Paul
4 Zaubereimuseum
5 Hôtel Sully
6 Musee Victor Hugo

7 Marché Saint Catherine
8 Musee Carnavalet
9 Restaurant
   "Les Philosophes"
10 Marriages Fréres
11 Maison Européenne de
   la Photographie

Im Marais-Labyrinth

Metro: St.Paul
– Eine kleine Welt in der großen Metropole

Direkt gegenüber des Metroausgangs liegt das Schlaraffenland, eine wunderbare kleine Boulangerie (Bäckerei). Wenn Sie in das Schaufenster sehen werden Sie mich verstehen: die allerfeinsten Törtchen, pudergezuckerte Himbeeren auf Vanillecreme, Orangenstückchen unter praller Schokolade, fruchtig-süße Verführungen, optische und kulinarische Genüsse. Wir machen uns also mit einer leckeren Kalorienbombe, verpackt in einer hübschen Pappschachtel, auf den Weg, das südliche Marais-Viertel zu entdecken.

Der Stadtplan bleibt in ständig griffbereiter Position, denn das alte Quartier zwischen Bastille-Platz und Hotel de Ville (Rathaus) ist ein Labyrinth von schmalen Straßen und Sträßchen, selbst Baron Haussmanns Grands-Boulevards-Visionen kapitulierten angesichts dieser Engwinkligkeit. Das Marais blieb vom Straßen-Kahlschlag verschont.

Die Rue du Prévôt, gleich neben der Bäckerei, wird vom Duft frisch gebackener Baguettes durchzogen. Die Hauswände berühren sich fast in der schmalsten Straße des Viertels. Am Ende der Gasse wird es Zeit, den Blick einmal auf den Rinnstein zu lenken. Wieso entsorgen die Pariser eigentlich ihre alten Badezimmerteppiche an den Straßenecken? Diese Frage stellt sich wohl jeder Besucher irgendwann, ohne zu ahnen, dass die aufgerollten Teppichstücke Teil eines genialen Systems sind, die Stadt von Schmutz und Unrat weitgehend frei zu halten. Von früh bis spät sind die Männer der Stadtreinigung in grüner Arbeitskleidung unterwegs, mit ihren grünen Kehrwagen und grünen Saugwagen, mit grünen Hochdruckreinigern und schwingen ihre grünen Besen. Und bevor die Saubermänner all ihre Gerätschaften auspacken, wird zunächst eine Schleuse geöffnet, genau dort am Bürgersteig, wo einer dieser dubiosen aufgerollten Teppiche liegt. Die lenken nämlich das Wasser in die richtigen Bahnen, damit sich der Schwall nicht über die ganze Straße ergießt. So einfach ist das und so effektiv. Alles rauscht nun am Rinnstein entlang: Metrotickets, Hundekacke, Papier, Zigarettenkippen und wird dann irgendwo am Ende des künstlichen Bachlaufs vom großen, grünen Saugrüssel in Empfang genommen. Ohne diese merkwürdigen Teppichstücke würde Paris im Müll versinken. Seitdem ich dies weiß, begegne ich ihnen mit Respekt.

Es wird Zeit die süßen Sachen auszupacken. Nur noch wenige Schritte sind es bis zum Hôtel de Sens, einem mittelalterlichen Stadtpalast, der den Erzbischöfen von Sens als Residenz diente, später Poststation für Kutschen wurde und heute eine frei zugängliche Bibliothek für angewandte Kunst beherbergt. Auf alten Steinbänken in der Sonne sitzend, breitet sich vor einem ein wunderbares barockes Garten-Parterre aus. Ein herrlicher Ort um Himbeertörtchen zu genießen.

Da die Touristenströme diesen südlichen Teil des Marais weitgehend verschonen, kann man den Spaziergang hier ungestört genießen. Die Rue des Jardins verläuft parallel einer alten römischen Mauer, die Kaiser Augustus vor gut 800 Jahren erbauen ließ. Im Schatten der einstigen Wachtürme wird heute Boule oder Basketball gespielt und in den Sommerferien stellt die Stadtverwaltung Sonnenliegen im Staub vor der antiken Mauer auf.

Die bunten Fahnen an der Häuserzeile gegenüber, mit der Aufschrift „*Village Saint Paul*", lassen noch nicht erahnen, was sich dahinter verbirgt. Dieser gesamte Häuserkomplex zwischen Rue des Jardins und Rue Saint Paul

Garten-Parterre vor dem Hôtel de Sens

ist durchzogen von mehreren Innenhöfen, die zur besseren Orientierung farblich markiert sind. Hier haben sich Antiquitätenhändler zusammen geschlossen und präsentieren in konzertierten Aktionen ihre Produkte. Man kann hemmungslos in den Auslagen herumstöbern. Was ich hier alles schon erstanden habe? Einen Türknauf aus Porzellan, Cowboystiefel aus Schlangenleder, eine Micki-Maus-Uhr, eine Feder-Boa und die rote Rakete von Tintin (bei uns heißen die Comics von Hergé „Tim und Struppi"). Jedesmal finde ich ganz sicher etwas in den Regalen, Kisten und Kästen. Was wird es heute sein? Die schöne, rostige Eisen-Jardinière ist mir zu schwer. Die Spieldose, in der eine Balletttänzerin graziöse Drehungen absolviert, ist zu teuer. Ich habe es: ein kleines Blechschild mit der Aufschrift „Chaque jour une pomme consure son homme". Ein Apfel am Tag erhält den Menschen, oder wie der Engländer sagt „One apple a day keeps the doctor away".

Ich nehme einen Hofausgang zur Rue St. Paul und suche die Hausnummer 11, dahinter verbirgt sich das *Musée de la Curiosité et de la Magie*, ein schöner Name für ein kleines Museum der Zauberei. Hier gibt es keine High-Tech-Laser-Elefantenverschwinde-Kreissäge-Nummern, sondern kleine, feine Tricks, wie sie Zauberer und Magier vor einem Jahrhundert beherrschten. Das Wandporträt am Eingang schaut mich so merkwürdig an und bewegt sich da nicht etwas im Vorbeigehen? Schaurig schön ist der Rundgang durch die vielen miteinander verbundenen Kellerräume. Aus einem hört man die hysterischen Schreie einiger Teenies. Ja, ich gebe es zu, es kostet Überwindung, die Hände in irgendwelche Löcher zu stecken, ohne zu wissen, was da drinnen kreucht und fleucht. Da bekommt die Fantasie Flügel und die Nerven flattern.

Allerlei Zauber-Utensilien und Gerätschaften können besichtigt werden, zum Beispiel die Vorrichtung zum

Thema „Wie zersäge ich eine Jungfrau". Ein Magier ruft zur Vorstellung und auf der winzigen Bühne werden Tücher aus dem Zylinder gezogen, lösen sich verknotete Seile in Einzelteile auf, folgen Kartentricks mit flinken Fingern. „Alles nur Illusion", sagt der Meister und verbeugt sich. Harry Potter hätte das sicher lächerlich gefunden, aber mir hat dieser nostalgische Zauberlehrgang gefallen.

In der Rue des Lions St. Paul rauscht der Reinigungsbach den Rinnstein entlang. Eine betagte Dame fordert mich auf, ihr doch beim Überqueren des „Wildflusses" zu helfen. Sie ist federleicht und ich trage sie einfach hinüber. Wir können uns vor Lachen kaum halten. Sie begleitet mich ein Stück des Weges, langsam, auf einen Stock gestützt. Sie sei 91 Jahre alt, erzählt sie mir, und genau so lange lebe sie im Maraisviertel in Paris, dem „wunderbarsten Ort der Welt". Sie sei jetzt auf dem Weg zum Markt, wo sie ihre täglichen Einkäufe tätige. Dann lacht sie noch einmal herzlich über meine „Rettungsaktion", dreht sich ein paarmal um und winkt zum Abschied. Es war die eleganteste alte Dame, die ich jemals gesehen habe. Sie trug ein knallrotes Kostüm im Chanel-Stil und ein schwarzes Hütchen, mit allerlei Federn daran. Sie hatte ihre Wangen rosa gepudert, nur so, für den Gang zum Markt. Hier war ich ihr wieder begegnet, der sprichwörtlichen Eleganz der Pariserinnen.

In der Rue Beautreillis Nr. 17 werfe ich jedesmal wenn ich dort vorbeikomme einen Blick auf den dritten Stock. Hinter der schönen Fassade mit schmiedeeisernen Balustraden starb im Juli 1971 Jim Morrison, der legendäre Sänger der Doors, der auf dem Friedhof Père Lachaise begraben liegt. Er wurde tot in der Badewanne gefunden. Zuviel Alkohol? Zuviele Drogen? Genaues weiß man nicht. In der Bar auf der gegenüberliegenden Straßenseite sitzen junge Rockfans und heben ihr Glas Richtung Haus Nr. 17: „Salut Jim!"

Typisch für das Maraisviertel sind die zahlreichen Stadt-
paläste (Hôtels particuliers), hochherrschaftliche Prunk-
bauten im Renaissance-Stil, deren große Holzportale aber
zumeist für den neugierigen Besucher geschlossen bleiben.
Trotzdem lohnt sich der Blick auf die Türen. Hier im Marais habe ich die wunderbarsten Türklopfer entdeckt: Lö-
wenköpfe, Schlangen, furchterregende Grimassen, liebliche
Engel, fein ziselierte Fische. Manchmal öffnen sich die Tore
und man bekommt die Gelegenheit, einen Blick in die Vergangenheit zu werfen.

An der Rue Saint Antoine schreite ich durch das Portal
des *Hôtel Sully*. Die Räumlichkeiten des einstigen Adels-
palastes sind nicht zu besichtigen, hier residiert das französische Denkmalschutzamt. Aber eine Buchhandlung
mit wunderschönen Paris-Bänden befindet sich im Erdgeschoss. Man darf den Ehrenhof bewundern und die feinen Skulpturarbeiten und Flachreliefs an den Fassaden.
Ein weiteres Portal ist geöffnet und führt zum hinteren
Garten, mit Steinbänken, einem Rasenparterre und haus-
hohen efeuberankten Mauern, eine geschützte grüne Oase
im Großstadtdschungel. Hierher komme ich oft, wenn ich
mal eine Pause brauche vom Lärm der Stadt, vom Gedränge
der Menschen, um in Ruhe ein Käsebaguette zu essen, zu
lesen oder zu träumen. Gleich hinter der Mauer tobt das
Kontrastprogramm.

Wir schreiten durch die kleine Holztür ganz hinten
rechts und stehen unvermittelt unter den Arkadenbögen
am „Place des Vosges", der als der architektonisch schönste
Platz von Paris gilt und in jedem Reiseführer ausgiebig gewürdigt wird. Der Touristenandrang ist entsprechend groß
und trotzdem lassen sich die Bewohner des Viertels davon
nicht irritieren. Es ist ihr Platz. Die vielen fotografieren-
den Tagesgäste sind nur Statisten und werden geflissentlich
übersehen.

Arkadengänge begrenzen den Place des Vosges

Am Vormittag kommen lärmend und lachend in Zwei-erreihen die Kindergartenkinder der Gegend mit ihren Betreuern anmarschiert, spielen auf den Grünflächen, liegen im Gras und lauschen einem Geschichtenerzähler. Ich habe sie sogar schon beim Mittagsschlaf an einem warmen Sommertag hier gesehen, friedlich schlummernd im grünen Gras, mit Teddybären im Arm, an der Stelle, wo die Herren der feinen Gesellschaft früher ihre Duelle austrugen. Die alten Leute des Viertels sitzen auf Bänken unter dem schützenden Dach der Formschnitt-Baumkronen, halten einen Plausch oder schauen den vorbei eilenden Touristen zu. Im Staub klackern die Boule-Kugeln. Im Sand backen kleine Kinder Kuchen. Aus den Löwenmäulern der Springbrunnen plätschert das Wasser und die Reiterstatue Ludwigs des XIII bekommt Besuch von einem Heer Tauben, das sich respektlos auf seinem Kopf niederlässt.

Ich mag den Place des Vosges. Seine perfekte Symmetrie strahlt Ruhe aus. Seine rechteckige Form wird von den Häuserzeilen ringsherum aufgenommen, deren Fassaden aus rotem Ziegelstein und hellem Sandstein lückenlos ineinander übergehen. Die Arkaden im Erdgeschoss bilden eine durchgehende Galerie. Ich mag den Place des Vosges aber nicht nur wegen seiner Lebendigkeit und seiner perfekten Optik, ich mag ihn auch, weil er so bleibt, wie er ist. Sein Charakter der Bauepoche Anfang des 17. Jahrhunderts ist nahezu unberührt geblieben. Als ich in den Siebziger Jahren zum ersten Mal nach Paris kam und mit meinem 2CV die Rue France Bourgois entlang schaukelte, langsam rund um den Platz fuhr, sogar einen Parkplatz fand (gut, das ist heute anders), war ich schwer beeindruckt und erlebte in den Jahren danach, bis zum heutigen Tag, jedesmal ein Déjà-vu. Einmal, als ich abends auf der Rue de Turenne unterwegs zu einem Restaurant war, wurde ich durch glockenhelle, engelsgleiche Töne angelockt, die ein akustisches Wellenmuster zeichneten. Die Sphärenklänge waberten vom Place des Vosges herüber und ich änderte unwillkürlich meinen Weg. Unter den Arkaden stand ein Obertonsänger und zauberte mit seiner unwirklichen Stimme, die von der gewölbten Steindecke widerhallte, eine geradezu magische Stimmung. Ich habe an dieser Stelle auch schon Opernsänger erlebt, die herzerfrischende italienische Arien schmetterten. Ich habe Tangotänzer gesehen, die federleicht über den Steinboden der Arkadengalerie schwebten, aber die glockenklaren Töne, die diese Stimme des Obertonsängers hervor zauberte, wurden zu einem ganz besonderen Moment. Inzwischen kamen die Nachtschwärmer von allen Seiten, leise, fast auf Zehenspitzen heran. Keiner sagte ein Wort, niemand räusperte sich oder hustete. Alle lauschten gebannt dem jungen Mann, der mit geschlossenen Augen in der Jahrhunderte alten Kulisse stand und diese merkwürdigen langgezogenen Laute von sich gab. Als der letzte Ton verhallt war wurde nicht geklatscht. Das Geräusch erschien allen Zuhörern wohl zu ordinär, es hätte die Stimmung zerschnitten. Der Künstler verbeugte sich lächelnd und schweigend ging man auseinander. Dies war eine Begegnung der besonderen Art, wie sie so wohl nur in Paris möglich ist.

In einer Ecke des Platzes, Im Haus Nr. 6, lebte von 1832-1848 Victor Hugo. Seine mit Büchern und Bildern vollgestopfte Wohnung, sein Arbeitszimmer mit dem Schreibtisch, an dem er „Les Misérables" verfasste, ist heute ein *Museum*. Mit dieser herrlichen Aussicht auf den Place des Vosges über „die Elenden" zu schreiben, muss nicht einfach gewesen sein. 1924 zog ein anderer berühmter Schriftsteller zum Place des Vosges, Georges Simenon, und ersann hier, ungeachtet der aristokratischen Aura, die Geschichten des kleinbürgerlichen Kommissar Maigret.

Der schönste Platz in Paris: der Place des Vosges

Ich verlasse die geschichtsträchtige Stätte oben links und schlendere die Rue de Turenne hinunter, vorbei an Immobilienhändlern, die eine Zwei-Zimmer-Wohnung im Marais-Viertel locker für 500 000 Euro anbieten, vorbei an der Hutmacherin, die ihre neuesten Créationen im Schaufenster präsentiert, vorbei an dem winzigen Spielwarenladen „Tumbleweed", der stets eine große Kollektion an Kreiseln vorrätig hat. In der Rue de Jarente geht es hinter dem Hotel Jeanne d´Arc links in die kleine Gasse hinein und schon steht man unvermittelt auf einem dörflich anmutenden Platz, dem Marché Saint Catherine. Bars und Restaurants ringsherum, in der Mitte Bäume und Bänke. Tagsüber kann man hier in Ruhe einen Kaffee trinken. Abends sind alle Stühle schnell besetzt und Straßenartisten geben schon mal eine kostenlose Vorstellung. Hier lässt es sich vortrefflich einen Apérétif nehmen und anschließend kehrt man zum Schlemmen bei „Caruso" ein, einem italienischen Restaurant nur ein paar Schritte entfernt, an der Ecke Rue de Turenne. Pizza in Paris? Warum nicht! Ich habe in Italien niemals solch leckere Pizza und Pasta gegessen wie hier. Und wenn der Wirt besonders gute Laune hat, dann gibt er auch schon mal höchstpersönlich den Caruso und schmettert den „Figaro, Figaro" durch´s Ambiente. Das hat wohl auch den prominenten Gästen gefallen, deren Fotos an den Wänden hängen: Robert de Niro, Al Pacino, John Travolta, Claudia Cardinale, Versace und viele andere Berühmtheiten aus der Glitzerwelt. „Die waren alle schon hier?" fragt man den Patron und man bekommt ein entschiedenes „Si, si, tutto!" zur Antwort.

Aber jetzt ist Vormittag und deshalb gehe ich nach einer kurzen Kaffeepause weiter in Richtung Rue France Bourgois, einer typischen Straße im Marais, eng, mit schmalen Bürgersteigen und vielen kleinen Geschäften. Nach nur wenigen Minuten ist das *Musee Carnavalet* erreicht. „Ein

Karnevalsmuseum?" wundert sich ein deutsches Touristenpärchen neben mir. Nein, hinter dem merkwürdigen Namen verbirgt sich das Museum der Pariser Stadtgeschichte, einer der schönsten und spannendsten Orte in Paris und: mein Lieblingsmuseum. Die meisten Marais-Besucher eilen vorbei auf den Weg ins nahe gelegene und viel berühmtere Centre Pompidou. Ich bleibe hier und freue mich schon darauf, über die knarzenden Holzfußböden von einem Raum zum anderen zu schlendern und die Fülle der Exponate irgendwie zu erfassen.

Der Eintritt ist frei, deshalb kann man, auch wenn man nur wenig Zeit hat, wenigstens einen kurzen Blick hinein werfen. Allerdings habe ich hier schon Stunden zugebracht, ohne zu registrieren, dass die Zeit draußen weiter lief, während sie hier drinnen zu stehen schien.

Die Geschichte von Paris beginnt in der Vor- und Frühzeit mit dem Fund hölzerner Bootskelette auf dem Grund der Seine. Man hält unwillkürlich den Atem an, weil man Sorge hat, die historischen Fundstücke würden zu Staub zerfallen. Die Abteilung Mittelalter wird zur Zeit erneuert und ist geschlossen. Ich gehe direkt ins 16. Jahrhundert hinüber. Der Louvre wird gebaut, der Ponte-Neuf und die Kirche Saint-Eustache, Religionskriege wüten, die Hugenotten werden dahingemetzelt.

Aufruhr, Barrikaden, Brände im 17.Jahrhundert. Könige kommen und gehen, Epochen blühen und versinken. Prunkvoll ist das 18. Jahrhundert. Gut erhaltene und rekonstruierte Dekorationsbeispiele lassen mich Gemächer einer erlesenen Gesellschaft betreten, rote, blaue, grüne, gelbe Salons, mit üppigem Dekor und kostbaren Antiquitäten im Stil Louis XVI.

Im zweiten Stockwerk findet die Französische Revolution statt. Das Volk erstürmt die Bastille. In mehreren Modellen ist die Gefängnis-Festung wieder aufgebaut. Die

Begrünter Innenhof des Musee Carnavalet

Guillotine steht gleich nebenan. Erstaunt registrierte ich, dass man Merchandising schon damals gekannt, vielleicht sogar erfunden hat. Es gab Tassen mit der Aufschrift „vivre libre ou mourir" (lebe frei oder stirb), Porzellanteller mit dem Slogan „J'aime Liberté" (Ich liebe die Freiheit) und kleine Holzmodelle der Guillotine. Auf den Bekanntmachungen standen die Namen der Deliquenten, die das „Tribunal Révolutionnaire Exécuteur" veröffentlichen ließ, mit der jeweiligen Uhrzeit, zu der die Köpfe rollten.

Das 19.Jahrhundert: Epidemien und Hungersnöte wüten in Paris. Napoleon krönt sich in Notre-Dame zum Kaiser. Architekt Haussmann lässt die großen Boulevards kreuz und quer durch Paris schlagen und gibt der Metropole ein neues, weltstädtisches, urbanes Gefüge. Balzac, Victor Hugo, Chopin, Eugène Delacroix, Beaudelaire, viele große Künstler leben und arbeiten in Paris. Die Opéra Garnier wird gebaut.

Die Räume 141 bis 147 sind dem 20. Jahrhundert gewidmet. Das Schlafzimmer von Marcel Proust, alte Ladeneinrichtungen und Ladenschilder gehören dazu und ein großformatiges Gemälde, das ich immer wieder gern anschaue. Das naturalistische Werk von Henri Gervex trägt den Titel "Und Soirée au Pré-Catalan" (1901) und zeigt Anna Gould und ihren zweiten Ehemann, den Duc Hélie de Talleyrand-Périgord (keine Ahnung, wer das war, aber den Namen finde ich klasse), beim Verlassen einer Abendgesellschaft. Auf diesem Bild wird das Leben der Belle Époque lebendig. Unter funkelnden Kristalllüstern gibt sich die Aristokratie ein Stelldichein. Ich höre Stimmengemurmel und leise Musik, die Rufe des Kutschers, und ich spüre die Wärme einer mondbeschienenen, lauen Sommernacht.

Dies alles habe ich in dem reichen Fundus des Musée Carnavalet bisher für mich entdeckt und bei jedem weiteren Besuch kommt etwas Neues hinzu. Die zumeist wenigen

Besucher verlieren sich in den vielen Räumlichkeiten, so hat man Ruhe und Muße die spannende Historie von Paris ganz für sich zu ergründen.

Im Anblick des Sonnenkönigs verlässt man das Museum. Die Bronzestatue von Ludwíg XIV ist die einzige, die Napoleon nicht hat einschmelzen lassen, um Kanonen daraus zu gießen. Am Ausgang an der Rue de Sévigné ist unsere Zeitreise beendet. Wir stehen wieder in der Realität und sehen fortan manche Straßen, Gebäude und Perspektiven der Stadt mit anderen Augen. Jeder Pflasterstein, so scheint es, erzählt uns nun eine Geschichte.

In der Rue des Rosiers pulsiert das Zentrum des jüdischen Lebens in Paris und dies schon seit dem Mittelalter. Jüdische Traditionen prägen bis heute das Bild. Wer Samstags hierher kommt wird nicht viel davon sehen. Am Sabbat sind die Geschäfte geschlossen und die Touristen schauen ein wenig irritiert. Sonntags dagegen herrscht Hochbetrieb. Vor der Synagoge in der Rue Pavée und auf den Bürgersteigen der Rue des Rosiers prägen orthodoxe Juden mit Hüten und traditioneller schwarzer Kleidung das Bild. In den Läden herrscht geschäftiges Treiben. Orientalische Gerüche durchziehen die schmale Straße. Vor dem Restaurant „Chez Marianne", das koschere Gerichte offeriert, stehen lange Schlangen wartender und hungriger Gäste. Die bekannteste Adresse und eine Institution für Liebhaber der jüdischen Küche, das Restaurant Jo Goldenberg, hat jüngst Pleite gemacht. Es ist geschlossen. Die Schaufenster sind zugeklebt. Nebenan, wo es „koscher Pizza" und Falafel gibt, drängt sich die Jugend auf Bürgersteig und Gasse.

Beim Traiteur Sacha Finkelsztajn werden Specialités Yiddis über die Theke gereicht: Watrouchkas, Pletzels und Strudels. Im Feinkostladen mit blauer Mosaik-Fassade gibt es gehakte Herring und gefilte Fisch, Borscht und pikel Fleisch. Die Buchhandlung Chir Hadach verkauft nicht nur

Jüdischer Traiteur in der Rue des Rosiers

den Talmud und weitere religiöse Bücher, sondern auch siebenarmige Leuchter und andere „Objets de Culte".

Im vorderen Teil der Rue des Rosiers haben sich Designer und teure Boutiquen einquartiert. Dieser Abschnitt der Straße wurde erst 2006 verschönert. Die Trottoirs sind verbreitert worden. Im Frühling blühen jetzt Fliederbäumchen und im Sommer Rosenstöcke am Straßenrand.

An der Ecke Rue Vieille du Temple / Rue du Trésor lege ich jedesmal auf meinen Streifzügen durch das Marais eine Pause im Restaurant „Les Philosophes" ein (unbedingt die Toilette besuchen, die Wände sprechen Bände). Die „Plat du Jour", das Tagesgericht, gibt es für 15 Euro. Selbst in kühleren Jahreszeiten kann man draußen sitzen, gewärmt von Gasstrahlern, was mir besonders wichtig ist, denn an dieser Straßenecke lässt sich viel beobachten.

Heute zum Beispiel wird am Haus schräg gegenüber ein Film gedreht. Die Szene spielt sich folgendermaßen ab: die Haustür öffnet sich, zwei schrill geschminkte junge Damen im 50er Jahre-Look stürmen hysterisch kreischend nach draußen. Petticoats und Pferdeschwänze wippen dramatisch. Sie steigen in ein pink-bonbonfarbenes Cabriolet. Der Motor heult auf, die Reifen quietschen. Die Damen brausen links um die Ecke, wo die Straße sorgfältig abgesperrt ist, und dann beginnt alles wieder von vorn. So bleibt es auch die nächste Stunde, die ich auf meiner Zuschauertribüne am Straßenrand verbringe. Ich trinke Orangina: das rosa Cabrio braust vorbei. Ich esse Canard de Barbarie: das rosa Cabrio hüllt meinen Entenbraten in eine leichte Staubwolke. Zum Dessert gibt es Erdbeeren garniert mit einem rasenden rosa Vehikel.

Paris ist als Filmkulisse unglaublich beliebt, nicht nur für so weltweit erfolgreiche Produktionen wie „Der Da Vinci Code", „Moulin Rouge" oder „Die fabelhafte Welt der Amelie". Allein im Jahre 2005 erteilte die Stadt 662

Drehgenehmigungen mit insgesamt 3363 Drehtagen, das heißt, durchschnittlich wurden zehn verschiedenen Projekte pro Tag in Paris realisiert. Da kann man schon mal Jack Nicholsen und Diane Keaton knutschend auf einer Seinebrücke stehen sehen, oder Matt Damon flitzend durch die Tuilerien. Ach ja, James Bond turnte auch schon auf dem Eiffelturm herum. Die beiden kreischenden 50er-Jahre-Schauspielerinnen, die gerade wieder an meinem Tisch vorbei rauschen, sind mir allerdings unbekannt.

Ich verlasse den Schauplatz in Richtung Rue Ste. Croix de la Bretonnerie. Man sieht schöne, gut gekleidete Männer. Im Sommer werden auch gern kurze, enge Hosen getragen. Man sieht Auslagen in der Buchhandlung „Les Mots à la Bouche", die einem die Schamesröte ins Gesicht treiben und die Läden, spezialisiert auf feine Männermode, heißen in dieser Gegend plötzlich „Masculin direct", „Boy`s Bazaar" und „Raoul". Wir befinden uns an einem internationalen Treffpunkt der Gay-Community. Die Hotels, Läden, Bars und Restaurants rund um die Rue Ste. Croix de la Bretonnerie haben sich auf homosexuelle Gäste eingestellt. Alles ist ein wenig plüschiger als anderswo.

Mein nächstes Ziel ist die wunderbare Teehandlung „Marriages Frères" in der Rue du Bourg-Tibourg Nr. 30. Man fühlt sich um hundert Jahre zurückversetzt. Hinter der edlen Ladentheke steht in langer weißer Schürze der Zeremonienmeister, Gebieter über (auf die Schnelle) unzählige Porzellandosen mit den feinsten Tee-Auslesen aller Herren Länder. Für welche Geschmacksrichtung soll man sich da entscheiden? Probieren kann man im gemütlichen Wintergarten. Zum Tässchen perfekt zubereiteten Tees werden köstliche Patisserien serviert. Heute muss es für mich ein Stück „Coup de Soleil" sein, eine Art Crème brûlée-Torte, die zartschmelzend auf der Zunge zergeht.

Kostet zwar 9 € das Stück, aber einmal im Leben darf man sich wohl das kulinarische Vergnügen gönnen!

Ich decke mich auch noch mit einem Tee-Vorrat ein und hoffe, dass er bis zum nächsten Paris-Besuch ausreicht.

Zurück zum Ausgangspunkt meines Spazierganges durch das südliche Marais schlendere ich die Rue Roi de Sicile entlang. Hier gibt es sie noch, die kleinen, etwas skurrilen Läden, die anderenorts im Maraisviertel leider durch Designer-Boutiquen verdrängt wurden. Der Antiquitätenhändler ist noch da, dessen winziger Verkaufsraum so vollgestopft ist, dass man sich darin kaum bewegen kann. Der Modeladen für Hunde hat heute die neuesten Créationen für „Kampf-Pinscher" ausgestellt. Eine Abenteuer-Weste in Tarnfarben, passend dazu Schirmkappe und Rucksack und ein handliches, kleines Zelt als Hütte für den vierbeinigen Liebling, falls es beim Überlebenstraining mal regnen sollte. Für die modebewußte Hundedame gibt es Perlenketten, seidige Rüschenblusen mit passendem Hütchen dazu. Wer kauft so etwas? Selbst in der Modestadt Paris habe ich noch niemals derart gestylte Hunde gesehen.

Im „Polit-Büro" gibt es heute „Happy-Hour-Vodka" für 3 Euro und im Laden nebenan, mit der über und über von Graffiti besprühten bunten Fassade, haben Alt-Rocker ihr Quartier bezogen. Hier kann man in Kartons nach den Scheiben von Kiss, Nirvana und Aerosmith wühlen. Die passenden T-Shirts dazu findet man schräg gegenüber bei „Noir Kennedys". Von der makabren Schaufensterdekoration soll man sich nicht abschrecken lassen: auf einer Wäscheleine hängen tote Ratten! Tote Ratten? „Oui, ce sont des vrais rats. Ne pas demander!", (Ja, es sind echte Ratten. Fragen Sie nicht!) steht auf dem Schild daneben. Alles klar!

Bevor ich in die Metro steige, schaue ich noch schnell um die Ecke, was es gerade im „*Maison Européenne de la Photographie*" zu sehen gibt. Sollten Sie auch machen, hier habe ich schon einige faszinierende Foto-Austellungen der renommiertesten Fotografen unserer Zeit erlebt.

Metrostation: St.-Paul

Infos
- Village Saint Paul: 11-19 Uhr, Di + Mi geschlossen
- Zaubereimuseum: Mi,Sa,So 14-19 Uhr, Eintritt: 6 €
- Hôtel Sully: Rue Saint Antoine 62, 10-19 Uhr außer Mo, Eintritt frei
- Musée Victor Hugo: Place des Vosges 6, 10-17.40 Uhr, außer Mo, Eintritt frei
- Musée Carnavalet: 10-18 Uhr, außer Mo, Eintritt frei
- Maison Européenne de la Photographie: Rue de Fourcy 5-7, Mi-So 11-20 Uhr, Eintritt 6 €

Notizen:

Modestadt Paris

4./11./12. Arrondissement

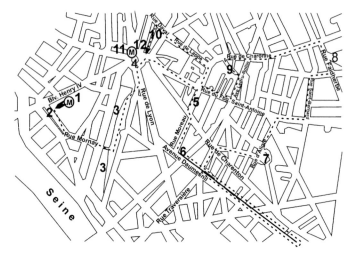

1 Metro Sully-Morland
2 Pavillon de l´Arsenal
3 Yachthafen
4 Place de la Bastille
5 Passage du Chantier
6 Promenade Plantée (oben
  Viaduct des Arts (unten)
7 Marché d`Aligre
8 Le Pure Café
9 Passage L`Homme
10 Cour Damoye
11 Brasserie Bofinger
12 Metro Bastille

Bastille jenseits des Sturms

Metrostation: Sully-Morland
– Das Viertel der versteckten Hinterhöfe

Paris hat rund 10 Millionen Einwohner. Auf 50 Pariser kommen 5 Hunde, 4 Bäume, 13 Autos, 2 Tauben und …: 50 Ratten! Fast 10 Mio Ratten wuseln also, ich denke mal, vornehmlich in der Pariser Unterwelt herum. Ich habe noch nie eine gesehen, doch seitdem ich über ihre Population Bescheid weiß, fühle ich mich in den Metroschächten irgendwie beobachtet. Diese harten Fakten und noch viele mehr bekommt man als neugieriger Besucher im *„Pavillon de l´Arsenal“*, einem Informationszentrum der hiesigen Stadtplanung, direkt gegenüber der Metrostation. Man kann an Monitoren herumspielen, sich schnell mal den Stand der Bauarbeiten am Grand Palais auf den Bildschirm holen oder sich ansehen, was die Architekten aktuell geplant haben. Vorher-Nachher-Animationen veranschaulichen die Wege der Pariser Infrastruktur. Dabei sind die Urbanistik-Informationen leicht verständlich aufbereitet, nicht nur am Bildschirm, sondern auch anhand von Architekturmodellen. Moderne Stadtplanung kann sehr spannend sein, wenn man mit einem Klick historische Stadtansichten mit der heutigen Situation vergleicht. Der Eintritt ist frei, die Informationsflut enorm.

Auf dem Platz vor dem Pavillon de l´Arsenal steht seit 1984 ein eigenwilliges Kunstwerk, geschaffen von dem berühmten Bildhauer Ipousteguy. Die Stahlplastik mit dem Namen „Homme aux semelles davant“ (Mann mit Sohlen voraus) ist eine humorvolle Interpretation von Leben und Werk des jung verstorbenen Dichters Arthur Rimbaud.

Wenn Sie Ihren Blick jetzt hinüber streifen lassen, zu der kleinen begrünten Fläche zwischen dem nimmermüden

Verkehr auf dem Quai de Celestine und dem Boulevard Henry IV, so sehen Sie ein erhöhtes Blumenbeet von gewaltigen Natursteinen eingefasst. Dies sind noch verbliebenen Originalbausteine der einstigen Bastille-Festung.

Nur wenige Minuten entfernt liegt der Arsenal-Hafen. Das Hafenbecken überquere ich auf der Fußgängerbrücke und setze mich ins Café „Le Grand Bleu", dessen Sonnenschirme auf der Terrasse so einladend herüber winken. Am Schiffsanleger warten Fahrgäste auf die Ankunft des *Canauxrama*-Ausflugsbootes. Yachten und Motorboote dümpeln auf dem Wasser. Zwei kleine Hunde toben durch die Rabatten. Ein Eisbecher steht vor mir. Ach, hier könnte ich bis in alle Ewigkeit verweilen, aber der Spaziergang durch das Bastille-Viertel hat ja noch gar nicht richtig begonnen. Also los!

Das alte Handwerker-Quartier kann man nicht mal eben so en passant durchschlendern, zu viele unscheinbare Durchgänge, Hinterhöfe, versteckte Gassen und Passagen gibt es. Wer unaufmerksam über die Rue Foubourg Saint Antoine promeniert, durch die vielen Schaufensterauslagen eventuell abgelenkt, steht plötzlich am Place de la Nation und hat alles verpasst, nicht einmal bemerkt, was sich hinter den Fassaden der geschäftigen Straße verbirgt.

Wir befinden uns im traditionellen Möbelviertel. Hier war der Bezirk der Tischler, Schreiner, Drechsler, Polsterer, Vergolder, Intarsien-Techniker und Furniermacher. Hinterhof-Fabriken und Werkstätten für Metallguss und Keramikherstellung bestimmten das Alltagsleben der kleinen Leute, die über, neben, unter den Produktionsstätten in einfachen Unterkünften wohnten, bis moderne Zeiten anbrachen. Möbelgroßhändler verdrängten die kleinen Betriebe. Dann landete auch noch das riesige Raumschiff Bastille-Oper in dem Viertel und zog die feinen Leute an. Plötzlich wurde es chic im 11. Arrondissement . Jean-

Zweifellos die Werkstatt eines Polsterers

Paul Gaultier eröffnete eine Boutique in der Rue Foubourg Saint Antoine (und zog später weiter in die Galerie Vivienne). Szene-Lokale entstanden. Aus Fabriketagen wurden teure Lofts. Das traditionelle Handwerkerviertel musste sich neu definieren und hat es irgendwie geschafft zu überleben.

Ich begebe mich auf die Spurensuche.

In den Schaufenstern Möbel aller Stilepochen soweit das Auge reicht, von vergoldeten Louis Quinze Fauteuiles bis hin zu hypermodernen Edelstahlküchen. Interessant wird es hinter den Türen und Toren dazwischen. Sie führen auf engen Kopfsteingassen in die verwinkelten „Cours", die Hinterhöfe, mitten in einstige Brutstätten der Revolution und der Möbelmanufaktur. Die Tore sind werktags geöffnet. Trauen Sie sich ruhig hinein! Die heutigen Handwerker freuen sich über jeden Besuch. Der Stuhl-Restaurator begrüßt mich per Handschlag, entschuldigt sich, daß er kein Deutsch spricht, um mir dann ein herzliches „very welcome in Paris" zu wünschen. Die Chefin des winzigen Polstereibetriebes präsentiert mir ihre Werkzeuge, die ich eigentlich einer gynäkologischen Praxis zuordnen würde. Der Fliesenmaler führt seine Hand ruhig weiter, auch wenn man ihm über die Schulter schaut und beim Drechsler fliegen mir die Späne um die Ohren.

Zunächst schlendere ich von der Rue Foubourg Saint Antoine am Cour du Bel Air vorbei rechts ab in die Passage du Chantier, wo Möbelrestauratoren arbeiten.

In der Rue Moreau geht man dann direkt auf die Promenade Plantée zu. Was für eine tolle Idee wurde hier realisiert? Man nehme einen nicht mehr benötigten viereinhalb Kilometer langen Eisenbahndamm mit Viadukt, bepflanze ihn oben mit Bäumen, Sträuchern, Schilf und Gräsern, mische hier und da ein paar dekorative Rosenbögen darunter, streue einige leuchtende Blumenrabatten

Eine Bahnlinie wurde zur „Promenade Plantée"

dazwischen, lasse nebenbei auch ein wenig Wasser plätschern, stelle genügend Bänke auf und lege mittig einen schnurgeraden Spazierweg an, et voilà: hier ist der
schmalste und längste Park der Welt mit der wohl interessantesten Aussicht. Man promeniert sozusagen im dritten Stockwerk durch die Kulisse von lebhaften Straßen
und Häuserzeilen. Immer wieder bieten sich wunderbare
Ein- und Ausblicke. Unten rauscht der Verkehr und hier
oben zwitschern die Vögel. Polizei und Feuerwehren pre-
schen drei Etagen tiefer ihrem Einsatzort entgegen, auf
der Promenade Plantée machen Jogger das Tempo. Wenn
ich nicht so neugierig auf das wäre, was direkt unter mit
stattfindet, dann würde ich jetzt die ganzen viereinhalb
Kilometer drauflos marschieren. So aber beschließe ich
an der Rue Rambouillet mit dem Aufzug auf Bürgersteig-
niveau zu fahren und den gleichen Weg noch einmal zu
gehen, diesmal ebenerdig und in umgekehrte Richtung,
den „Viaduct des Arts" entlang.

Jeder der Torbögen ist aufwändig ausgebaut und mit
einer Glasfront versehen. Künstler und Kunsthandwerker
zogen als Mieter ein, eröffneten Ausstellungsräume, Ateliers, Läden und Werkstätten. Ein Restaurant, ein Café,
alles ist da, was man für einen gemütlichen Schaufenster-
bummel braucht. Wer Zeit und Muße hat geht die gesamte
Front ab und entdeckt hinter den Glasscheiben viel Schö-
nes, Bezauberndes, Skurriles, Seltenes, Bizarres und allerlei
Kostbarkeiten.

„Le Bonheur des Dames" offeriert bestickte Stoffbilder,
die Leuchttürme der Bretagne zum Beispiel, aus Perlgarn
und Kreuzstich. Bei „Malhia Kent" stehen Webstühle. Hier
kann man seine eigene Konfektion weben lassen, feinste
mit Gold und Silberfäden durchwirkte Stoffe. In der
„Fabrique des Cardres" werden alte Bilderrahmen restauriert. „Bagues" produziert funkelnde Lüster und Lampen

aus Bronze. Robin Tourenne ist Spezialist für die Restaurierung alter Originale, Pläne und Zeichnungen. Im Atelier Le Tallec wird Porzellan bemalt und im Atelier Guillet entstehen florale Kunstwerke aus Rosen, Magnolien und Lotosblüten. Metallbildhauer, Steinmetze, Holzschnitzer, Papiermacher, Möbel- und Schmuckdesigner, ein Trompe-l`oeil-Maler, ein Hutmacher, eine Elite von Kreativen ist hier an der Avenue Daumesnil versammelt. Die ersten Plätze meiner persönlichen Rangliste belegen:

Platz 3: Das „Atelier des Arts Culinaire", ein Küchenladen für alltäglich-normales aber auch für kurioses Geschirr. Da gibt es Dinge von deren Existenz man nie etwas geahnt hat, zum Beispiel eine Gabel-Messer-Kombination für Einarmige oder eine Teleskopgabel, um den Sonntagsbraten am anderen Ende des Tisches zu erreichen. Man komme und staune.

Platz 2: Das „Atelier de Fabrication des Costumes pour le Spectacle". Hier wird einem sein ganz privates Film- oder Theaterkostüm auf den Leib geschneidert. Ein Samtwams für den Rächer der Witwen und Waisen. Ein schwerer Ledermantel für die Vampirjagd. Ein goldglänzendes Brokatkleid, falls mal ein Prinz vorbeikommt. Die Fantasie kennt keine Grenzen und die Fingerfertigkeit der Schneiderin wohl auch nicht.

Platz 1: „Automates et Pupées", repariert, restauriert und verkauft mechanische Spielzeuge. Trommelnde Zirkusäffchen, tanzende Hochseilartisten, rasende Achterbahnen und Karussells, ein Billardtisch en miniature. Alles ist in Bewegung, klappert, hüpft, rollt. Eine Blechband musiziert. Tänzerinnen drehen sich graziös. Aus Holzkästen springen Clownsköpfe. Miniatur-Drehorgeln spielen ganz nach Wunsch wohl an die 50 verschiedene Melodien, die Marseillaise oder die Internationale, „Yesterday" von den Beatles oder „Bolero" von Maurice Ravel. Ich kaufe mir ein

Im „Viaduct des Arts" arbeiten Kunsthandwerker

kleines Motorrad mit Beiwagen, ziehe es draußen auf dem breiten Bürgersteig bis zum Anschlag auf, lasse es los, und es rast von 0 auf 100 in geschätzten drei Sekunden auf die Rue Daumesnil, wo es von einem Pkw platt gefahren wird. C'est la vie ...

Ich muß mich beeilen Es ist schon später Vormittag und mein nächstes Ziel, der *Marché d'Aligre*, schließt bald. Es soll der älteste Markt in Paris sein, gegründet 1777 von Nonnen der Abtei Saint-Antoine. Für mich ist es der authentischste, ohne Touristennepp. Die obligatorischen Reiseführer schicken ihre Leser auf die Marktstraße der Rue Mouffetard im Quartier Latin, die inzwischen fest in Touristenhand ist. Hier, am Place d'Aligre, in der imposanten Markthalle und auf dem großen Platz davor, kaufen ausschließlich die Bewohner des Viertels. Sonnenwarme Aprikosen, goldgelbe Pfirsiche und frische duftende Minze landen in meinem Rucksack.

Beim marokkanischen Händler dampft leckerer Couscous im Tajine-Topf. In der Boucherie hängen gerupfte Hühner und Gänse kopfüber am Haken. Beim Poissonner liegen Douraden und Austern auf Eis. Monsieur Philippe, der „Herr über 1000 Käsesorten", wie er sich selber gerne scherzhaft nennt, hat alle Hände voll zu tun und plaudert trotzdem mit jedem Kunden. Beim Charcutier finde ich auch wieder die leckeren Würste aus der Auvergne, von denen ich gewöhnlich einen beachtenswerten Vorrat mitnehme. Doch heute probiere ich nur ein wenig der Köstlichkeiten, sonst wird der Rucksack zu schwer. Mein Weg geht ja noch weiter ...

An der Ecke Rue d'Aligre / Rue Foubourg Saint Antoine werde ich fast schwach. Die dicken Plüschsessel des Restaurants sehen so gemütlich und einladend aus, aber ich habe etwas anderes im Sinn. Irgendwo in der Nähe muß das rote Café aus dem Film „Before Sunset" sein, wo Ethan Hawke und Julie Delpy plaudern und Tee trinken. Es geht um ein paar Ecken und die rote Fassade leuchtet mir entgegen: „Le Pure Café", perfekt für eine kleine Mittagsmahlzeit im Sonnenschein.

Und jetzt wird Kurs auf die „Cours" genommen, auf die Hinterhofidylle mitten in Paris. Zunächst geht es die lebhafte Rue de Charonne hinunter und mit lebhaft meine ich: viele Geschäfte, viele Bistros, Eckrestaurants, Tische und Stühle auf dem Trottoir, Schiefertafeln mit Menüangeboten, Obstkisten vor kleinen Lebensmittelläden. Bei der Hausnummer 37 können wir dann einen Blick in den schön begrünten Cour Delephine werfen. Aus den einstigen Handwerksbetrieben wurde ein Künstler-Refugium.

Schräg gegenüber, in der Passage L'Homme die sich kurvig durch die Häuserzeilen zieht, meint man in einem französischen Dorf spazieren zu gehen, so ungewöhnlich ist diese Facette der Metropole.

Efeuberanke Wände, verblasste Reklameschriften auf verwitterten Fassaden, Blumenkübel voller blühender Rosen und Oleander auf kopfsteingepflasterten Höfen, aber auch Neonschriften und moderne Ateliers: an der Rue du Foubourg Saint Antoine reiht sich plötzlich ein Cour an den anderen, Cour de l Óurs, Cour de la Maison Brulée, Cour de 3 Frères … Aufgepasst, die Eingänge sind leicht zu übersehen. Das Bastille-Viertel gibt seine Geheimnisse nicht so schnell preis. Im Cour de l'Etoile d'Or setze ich mich auf die Treppenstufen einer einstigen Hinterhof-Manufaktur. Hämmern, Sägen, Bohren, Schleifen, das war die „Melodie" der Handwerker und jetzt höre ich Geigenklänge, eine Flöte, Kinderstimmen. Vielleicht ist die alte Fabrik heute ein Kinderhort oder eine Musikschule, oder beides. Ein Schild kann ich nirgendwo entdecken, dafür aber eine alte Sonnenuhr, halb verdeckt vom wuchernden Grün. Ich schließe die Augen und lausche den

Hinterhofidylle in der „Passage L'Homme"

vielstimmigen Klängen. Eine leise Strophe der heutigen Großstadtmelodie von Paris.

Kontrastprogramm in der schmalen Rue de Lappe. Hier tobt nachts der Bär, was die vielen Happy-Hour-Schilder an den Kneipen, Bars und Tanzschuppen dokumentieren. Die nächtliche Vergnügungsmeile ist tagsüber eher trist. Die Straßenkehrer sind gerade dabei die Spuren einer turbulenten Nacht zu beseitigen.

Ich wähle dennoch diesen Weg um zum Cour Damoye zu gelangen. Hier ist das einstige schlichte Revier der Handwerker besonders aufgehübscht worden. Aufstrebende junge Designer, Fotografen und Künstler haben Läden und Ateliers einen edlen Touch verliehen. Zitronenbäumchen zieren Blumenkübel. Kletterrosen ranken an der Fassaden empor. Es ist ganz still um mich herum. Irgendwo klingelt ein Telefon. Über der Galerie Vivante flattern Papierwimpel. In einem Blumenkasten drehen sich bunte Windräder aus Plastik.

Autos sind aus dieser Szenerie verbannt. Kein Tourist weit und breit. Ich genieße den Weg bis zum Torbogen, denn unmittelbar dahinter schlägt mit aller Macht die pulsierende Großstadt zu, Rush Hour von einer Sekunde zur anderen.

Wir befinden uns direkt auf dem Platz de la Bastille, wo der Autostrom wie ein riesiger Brummkreisel um die Julisäule tobt. Die kleinen Fahrgäste im Kinderkarussell machen es wie die Großen nebenan auf der Straße: sie strapazieren die Hupen ihrer Autos unermüdlich. Die zahlreichen Metroausgänge spucken alle paar Minuten weitere Passanten auf die breiten Bürgersteige. Ich lasse meinen Blick an dem futuristischen Opernhaus vorbei über die Cafétische streifen. Man muß Glück haben, hier noch einen freien Platz zu ergattern. Dann sehe ich den großen Schriftzug der berühmten und alteingesessenen *Brasserie Bofinger*

Der „Cour Damoye" ist ein exklusiver Ort der Kreativen

in einer kleinen Seitenstraße. Auf einem Holztisch unter der roten Markise des traditionellen Pariser Restaurants türmen sich Austern. Meeresfrüchte sind die Spezialität des Hauses. Ich reserviere einen Tisch für heute Abend und freue mich auf ein wunderbares Diner in einer der schönsten aller Pariser Brasserien.

Metro: Bastille

Infos

- Pavillon d'Arsenal: Boulevard Morland 21, 10.30-18.30 Uhr (außer Mo), So 10-14 Uhr, Eintritt frei
- Canauxrama: Kreuzfahrten auf dem Canal Saint Martin bis zum Parc de la Vilette, Dauer 2 ½ Std., Abfahrt 9:45 und 14.30 Uhr, 15 € Erwachsene, 8 € Kinder bis 12, bis 6 frei. Karten müssen telefonisch vorbestellt werden, Tel. 0033-1-42391500 oder per Internet www.canauxrama.com
- Cours: die Hinterhöfe sind für Besucher geöffnet, allerdings Samstags und Sonntags in der Regel geschlossen
- Promenade Plantée: geöffnet 8-21 Uhr, im Winter bis Einbruch der Dunkelheit.
- Marché d'Aligre: Place d'Aligre, täglich 8.00-12.30 Uhr (außer Mo)
- Le Pure Café: Rue Jean-Macé 14
- Brasserie Bofinger: Rue de la Bastille 5, www.bofingerparis.com

Notizen:

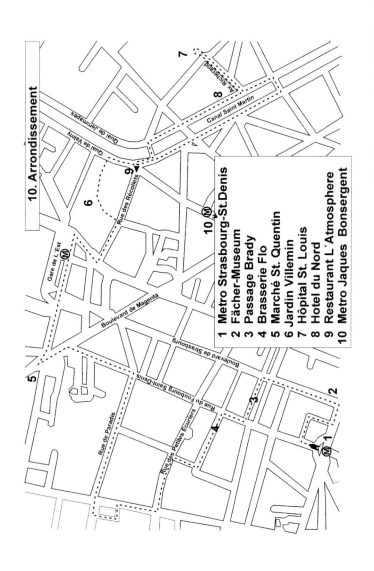

10. Arrondissement

1 Metro Strasbourg-St.Denis
2 Fächer-Museum
3 Passage Brady
4 Brasserie Flo
5 Marché St. Quentin
6 Jardin Villemin
7 Hôpital St. Louis
8 Hotel du Nord
9 Restaurant L´Atmosphere
10 Metro Jaques Bonsergent

Das Paris der kleinen Leute

Metrostation: Strasbourg / Saint-Denis
– Vom lärmenden Boulevard zum stillen Kanal

Aus dem tosenden Verkehr des Boulevard St. Denis ragen zwei Triumphbögen wie Felsen aus der Brandung, La Porte Saint-Martin und La Porte Saint-Denis. Bevor man sich die Reliefs und steinernen Allegorien aus der Nähe betrachten kann, gilt es Folgendes zu beachten. Der Pariser Fußgänger ist generell ungeduldig und schaut so gut wie nie auf das Ampelmännchen. Er überquert Straßen, wann immer er es will. Auch wenn der Verkehr gefährlich nah heran braust, der Franzose sprintet beherzt auf die andere Straßenseite. Nur deutsche Touristen bleiben diszipliniert bei Rot stehen und sind völlig irritiert, wenn alle anderen an ihnen vorbei laufen. Nach ein paar Tagen – Vorbildfunktion hin oder her – überquert man die Straßen eben auf Pariser Art. Akute Lebensgefahr besteht aber an einigen neuralgischen Punkten, wie zum Beispiel am Place de la Concorde, am Place de la Bastille, an der Rue Rivoli und eben auch hier, am Boulevard St. Denis, einem Teil der Grand Boulevards, die den Westen mit dem Osten der Stadt verbinden.

Zuerst also La Porte Saint-Martin mit den drei Durchgängen. Das Tor wurde 1674 erbaut und erinnert an die Siege Ludwigs XIV über die spanischen, deutschen und holländischen Armeen. Die benachbarte Porte Saint-Denis entstand zwei Jahre früher. Die Reliefs und Skulpturen stellen den Übergang über den Rhein und die Unterwerfung Hollands dar. Beide Triumphbögen wurden damals im Auftrag der Stadt gebaut. Diesmal sehe ich sie zum ersten Mal ohne Baugerüst, denn der Zahn der Zeit und die Autoabgase nagen doch schwer an der Substanz. Heute präsentieren sie sich allerdings frisch renoviert und ausdrucksstark, ein wenig unwirklich inmitten des Gewusels rundherum. Man möchte am liebsten die Taubenschar davon jagen, die den Sonnenkönig bei seiner Einnahme von Holland beschmutzt, und die auch sonst die Schlachtfelder an den Toren schon wieder erobert hat.

Hier beginnt das 10. Arrondissement, ein Stadtteil, der in den üblichen Reiseführern nur wenig Beachtung erhält, den ich aber sehr spannend finde. Man begegnet Indien und Afrika, dem Paris der 20er Jahre und allerlei skurrilen Museen.

In der Prado-Passage sind Künstler am Werk, Haarkünstler. Fast jedes Geschäft ist ein Friseursalon. Es gilt aber nicht das übliche Waschen, Schneiden, Föhnen, es ist eine ganz andere Fingerfertigkeit gefragt: das Flechten. In allen Salons herrscht an diesem Vormittag Hochbetrieb und ich drücke mich in den Ecken herum und beobachte wie die abenteuerlichsten Haar-Créationen entstehen, filigrane Flechtgebilde mit bunten Perlen und Bändern. Afrikanische Frisuren sind die Spezialität der Figaros in der Prado-Passage. Die Kunden sind zu meinem Erstaunen nicht nur Farbige, auch Blondschöpfe stehen auf Dreadlocks.

Das Kontrastprogramm beginnt. Gleich um die Ecke, am Boulevard de Strasbourg 2, befindet sich das Fächermuseum des *Ateliers Hoguet*. Nachdem ich zweimal vorbeilaufe habe ich es endlich entdeckt: die blaue, verschlossene Tür ist der Eingang. Ein kleines Messingschild oben rechts weist darauf hin. Man muß die Klingel betätigen, sonst bleibt die Tür zu. Ich stolpere durch das Treppenhaus über Plastikplanen und Farbeimer, es wird gerade frisch gestrichen. Im dritten Stock empfängt mich eine resolute Madame und bittet mich herein. 6 Euro kostet der Eintritt sagt sie, und ich sei heute die erste Besucherin. Ob man den Eingang nicht eventuell etwas übersichtlicher gestalten könne, frage ich vorsichtig, aber Madame wundert sich: „Mais non!" Wer kommen will, wird uns schon finden, ist sie überzeugt, das sähe man ja an mir!

Vom Eintrittsgeld der Besucher ist dieses kleine, entzückende Museum glücklicherweise nicht abhängig, es wird von der Stadt Paris großzügig subventioniert. Drei Räume stehen für den Besucher offen. Im Atelier wird immer noch produziert, zumeist für Oper- und Theaterbühnen. Ein Fächer aus roter Spitze geht gerade seiner Vollendung entgegen. Die Näherin ist so konzentriert mit Nadel, Faden, Lupe und Schere beschäftigt, dass sie meine Anwesenheit gar nicht bemerkt. Vielleicht wird eine feurige Flamenco-Tänzerin diesen handgearbeiteten Fächer demnächst auf irgendeiner Bühne der Welt hin und her schwingen.

Nebenan sind 400 Fächer zu sehen in einem Ausstellungsraum aus Nussbaum, der ursprünglich für die Weltausstellung von 1876 entworfen worden war, eine wirklich großartige Präsentation. Andächtig betrete ich den Raum. Die Holzdielen knarren und die Luft ist stickig. Zu gerne würde ich einen der extravaganten Fächer benutzen, um mir ein wenig Kühlung zu verschaffen, doch die kostbaren Stücke, Zeitzeugen der letzten vier Jahrhunderte, liegen geschützt in Glasvitrinen. Die Materialien sind ausnahmslos vom Feinsten: Elfenbein aus Indien, Muscheln von den Seychellen, Büffelhorn aus Amerika, Holz aus Schweden, kostbare Seidenstoffe von Künstlerhand bemalt oder mit Gold und Edelsteinen verziert. Nebenan kann man die Werkzeuge und Maschinen begutachten, die aus dem wertvollen Rohmaterial filigranen Zutaten werden lassen. Fotografieren darf ich leider nicht, dafür gibt es bei der freundlichen Madame Ansichtskarten zu kaufen.

Nach Pakistan und Indien sind es von hier nur ein paar Schritte. In der Brady-Passage haben sich etliche Restaurants

Die Brady-Passage ist fest in indischer Hand

der Regionen zwischen Indus und Ganges niedergelassen. Es geht laut, bunt und fröhlich zu. „Yes Madame, come in, very cheap and very good food,“ flüstern mir Stimmen ins Ohr. Bollywood-Musik schrammelt aus Lautsprechern. Ich muss mir meinen Weg zwischen Tischen, Stühlen und Reklame-Stellwänden bahnen. In den Küchen brodeln Currys und Tandooris und schicken ihre verführerischen Düfte durch die enge Passage. Den Restaurants Poona, Madras, Rajpout und Shalimar kann ich noch widerstehen, aber bei der Rose du Kashmir werde ich als Blumenfreundin schwach. Was für ein Service! Die Kellner sind wieselflink und gut gelaunt, die Stimmung leicht und locker in dieser etwas heruntergekommenen alten Passage (erbaut 1828). Mein Stuhl wird zurechtgerückt, im Nu stehen Chappatti und Lassy, Nan und scharfes Hühnchencurry vor mir. Ich bin in den 80er Jahren monatelang durch Indien und Pakistan gereist, und jetzt brauche ich nur die Augen zu schließen und mich dorthin zu träumen. Die Stimmen sind da, der Duft ist da, der Geschmack ist da, selbst der jaulende Singsang aus den Lautsprechern könnte nicht authentischer sein. Dann kommt die Rechnung und schlagartig bin ich wieder in Paris, obwohl die Preise hier für Pariser Verhältnisse sogar noch einigermaßen moderat sind.

Wem die indische Küche nicht behagt, der durchquert die Passage, schlendert ein Stück die Rue Foubourg Saint-Denis hinauf und biegt dann in den Cour de Petites Écuriens ein. Hier befindet sich eines der berühmten Pariser Restaurants, die *Brasserie Flo*. Innen voluminöses Art-Deco-Interieur von 1910, außen eine elegante Trottoir-Terrasse, die in dieser Hinterhofidylle ein wenig deplaziert wirkt, und auf der Speisekarte die allerfeinste elsässische Gourmetküche. Das Tagesmenue kostet heute 25 Euro, fast ein „Schnäppchen“ in diesem edlen Ambiente. Das Abendmenue ist ungleich teurer, wie in allen Pariser Restaurants.

Wer also Geld sparen will in dieser ohnehin überteuerten Stadt, der isst mittags ausgiebig und abends nur noch eine Kleinigkeit.

Ich gönne mir hier ein pompöses Dessert, „Sable de pistache et framboise, creme citronnée et jus de lavende" (wörtlich übersetzt: Sand von Pistazien und Himbeeren, Zitronencreme und Lavendelsaft), köstlich!

Die Rue de Paradis ist nichts für Männer. Die Schaufenster zeigen Geschirr, Tischdekorationen, filigranes Porzellan, funkelnde Lüster, glitzernde Flakons, Vasen wie Kunstobjekte, edles Kristall der Baccarat-Manufactur. Hier dreht sich alles ums stilvolle Essen, Trinken, Anrichten und Dekorieren. Das Baccaratmuseum, das bis jetzt im Haus Rue de Paradis 30 untergebracht war, ist umgezogen. Ein Schild an der Tür weist auf die neue Adresse hin: Place du Etats-Unis 11, weit weg, im 16. Arrondissement.

Am Boulevard Magenta angekommen, tauche ich ins brodelnde Großstadtleben ein. Paris ist ein lärmendes Ungeheuer! In Paris erstickt man an den Autoabgasen! Paris ist chaotisch! Alle, die diese Urteile über die französische Metropole gefällt und verbreitet haben, müssen an einem Donnerstagmittag im Mai hier entlang gegangen sein. Der vierspurige Boulevard ist gnadenlos verstopft: Stau vom Gare du Nord bis hinunter zum Place de la Républic. Alle Autofahrer hupen. Warum? Nun, es ist wohl nicht verboten und so kann man sich die Zeit ein wenig vertreiben. Vielleicht möchte man aber auch den Polizeiwagen Paroli bieten, die ihre Sirenen keineswegs im Stau abstellen. Die Schallwellen der infernalischen Großstadtmelodie lassen meine Nerven vibrieren und mein Trommelfell flattern. Haben deshalb alle Pariser iPod-Stöpsel im Ohr und singen schallend mit, wie jetzt gerade eine junge Frau neben mir? Sie bewegt den Mund und wiegt den Kopf im Takt. Verstehen kann ich nichts, es ist zu laut. Niemand stellt den

Motor aus, im Gegenteil, es wird ordentlich Gas gegeben, als ob man auf der Startlinie der Rallye Paris-Dakar stehen würde. Abgase wabern über Restauranttische und hüllen Croques und Café in eine stinkende Wolke.

Mein Ziel ist glücklicherweise schnell erreicht und unübersehbar zwischen Gare de l´Est und Gare du Nord gelegen, der *Marché Saint Quentin.* Eine typische Pariser Markthalle im Stil der Jahrhundertwende aus einer Eisen-Glas-Konstruktion, wie man sie früher vielerorts in Paris antraf. Hier am hektischen Boulevard Magenta ist sie noch komplett erhalten und hat ihre ursprüngliche Bestimmung bewahrt. Ich liebe Märkte und diese wunderbare Markthalle besonders. Sollen sie doch draußen ihre Autos malträtieren, hier drinnen ist das Paradies. Duftende Gewürze, saftiges, reifes Obst, frisches Gemüse, rosa Fisch und rotes Fleisch und Käsesorten zum Niederknieen. Und das Schönste auf den französischen Märkten: man darf alles probieren. In der Mitte der Markthalle gibt es ein kleines Bistro und man kann bei einem Pastis oder Café und Crèpes das muntere Treiben rundherum herrlich beobachten.

Zurück eile ich im Sauseschritt – mir scheint der Lärmpegel hat gerade seinen Höhepunkt erreicht – am Gare de L'Est vorbei in die Rue des Récollets und links durch das große dunkelrote Tor. Ein abrupter Szenenwechsel steht bevor. Paris liebt die Extreme.

Man befindet sich im Garten eines ehemaligen Militärhospitals: blühende Rabatten, grüne Rasenteppiche für Picknick und Sonnenbäder, Bänke unter Schatten spendenden Bäumen, und voraus geht der Blick auf den Canal Saint-Martin.

Paris ist eine Gartenstadt. 443 Parks, begrünte Plätze und Promenaden sind zwischen dem Häusermeer verteilt, berühmte wie der Jardin du Luxembourg und die Tuilerien, alte wie der Butte Chaumont und Parc Monceau, moderne wie der Parc André Citroèn oder der Jardin Atlantique, alle sind wunderbar und einzigartig. Am liebsten sind mir die kleinen Gärten, die unvermittelt hinter der nächsten Straßenbiegung auftauchen. Ich liebe es, eine Parkpforte zu öffnen und mich überraschen zu lassen. Wasser rauscht über Kaskaden oder plätschert sanft durch Wiesengrund, Rosen stehen Spalier, Schilf wiegt sich in der Sommerbrise. Die Blumenrabatten sind oft so fantasievoll komponiert, wie mit Pinsel und Palette gemalt, dass es in mir höchste Bewunderung für die Gärtner von Paris hervorruft. Und weil es so viele Parks gibt, ist das Flanieren in Paris nie zu anstrengend, selbst wenn man den ganzen Tag auf den Beinen ist.

Als eifrige Spaziergängerin lernt man sie besonders zu schätzen, die immergrünen Enklaven inmitten des Großstadtgewühls. Die Parks, Gärten und die vielen kleinen „Squares", Plätze am Fuße einer Kirche oder eines Denkmals, voller Blumenduft, Farbenrausch, sattem Grün und oft spektakulären Pflanzenkombinationen. Ich lasse auf meinen Promenaden keinen Park aus, möge er noch so winzig sein. Jede Parkbank bedeutet Ruhe im Sturm der Stadt, Oase zum Energie tanken, Erholungspause für Kopf und Füße.

Jetzt also der *Jardin Villemin*, dessen Erhaltung sich die Bewohner der Gegend sogar vor Gericht erstritten haben. Der Bürgerinitiative sei Dank, sonst könnte ich nicht an diesem schönen, warmen Frühlingstag unter der Trauerweide sitzen, meine Flasche Badoit aus dem Rucksack kramen, und mich genüsslich umschauen. Neben mir auf der Bank liest ein Mann mit Gouloise im Mundwinkel (ja, genau so wie der Franzose gemeinhin in Karikaturen dargestellt wird) die Sportseiten der L'Equipe. Eine elegante Dame trippelt an uns vorbei. Die Absätze der Stöckelschuhe sinken leicht in den unbefestigten Parkweg ein. Sie deutet im Vorübergehen

Schleusen und Eisenbrücken am Canal Saint-Martin

auf zwei sonnenbadende Bikinischönheiten. Die sollten sich nicht so öffentlich zur Schau stellen, schimpft sie kopfschüttelnd zu uns rüber, die würden den Männern nur den Kopf verdrehen. „Oui oui, les jeunes!," (Ja, ja, die Jugend!) antwortet mein Banknachbar, um dann gleich eifrig mit mir Zinedine Zedanes Abschied von der Equipe Tricolore, der französischen Fußball-Nationalmannschaft, zu diskutieren. Parkbänke, so habe ich festgestellt, sind die besten Kommunikationszentren in der Seine-Metropole.

Bis zum Canal Saint-Martin sind es nur wenige Meter. Oh ja, in Paris gibt es auch noch andere Gewässer außer der stolzen, schönen Seine, die auf Ansichtskarten und Hochglanzfotos die weite Welt erobert hat, in etlichen Chansons besungen wurde, in Kinofilmen die dramatische Kulisse gibt, Künstler inspiriert und Modefotografen als adäquater Hintergrund dient. Gibt es irgendjemanden, der die Seine nicht kennt?

Der Canal Saint-Martin ist ganz anders, idyllisch, friedlich, dörflich, kleinbürgerlich. Keine hochherrschaftlichen Bauten am Ufer, eher bescheidene Häuser ducken sich links und rechts an den Quais. Steil in die Höhe gewölbte Fußgängerbrücken aus Eisen, Drehbrücken und Schleusen bestimmen sein Bild. Der Roman „Hotel du Nord" von Eugène Dabit ist eines meiner Lieblingsbücher. Es wurde 1938 verfilmt und damit wurde der Canal Saint-Martin für kurze Zeit weltberühmt. Es geht um das Milieu der kleinen Leute, die am Ufer des Kanals leben und arbeiten, um Lastenträger, Stallknechte, Droschkenkutscher, Wäscherinnen, Zimmermädchen, den Arbeitern der Gerbereien und Papierfabriken, den Kohlehändlern und Flussschiffern, Trunkenbolden und leichtsinnigen Mädchen, alle kommen und gehen, treffen und verabschieden sich im legendären Hotel du Nord. Der Hotelbesitzer schlenderte gerne, eine Zigarette im Mundwinkel, durchs Viertel.

Kleinbürgerliche Welt am Kanalufer

Es scheint, auf den ersten Blick, als wäre die Zeit hier stehen geblieben. Die Angler am Kanalufer und die blühenden Kastanien dominierten vor fast 70 Jahren den Hintergrund des Films. Die Angler sind auch heute da, und die Kastanien stehen immer noch und bilden einen schattigen Baldachin über dem Kanal. Am Ufer schimmert der Schriftzug „Hotel du Nord" durch das Blätterdach der Bäume. Am Quai de Jemmapes 102 steht das legendäre Hotel. Die Fassade ist geblieben, innen wurde alles modernisiert und erneuert. Das Interieur entwarf ein Film-Set-Designer im Stil der Zwanziger Jahre. Tische und Stühle stellt der heutige Patron ebenso wie damals auf den schmalen Bürgersteig. Früher wurde nach den Mühen des Tages reichlich dem Bier, Wein und Cassis zugesprochen. Heute wird hier mehr gespeist als getrunken. Das Hühnchen in Weinsoße schmeckt wunderbar in dieser Filmklassiker-Kulisse mit Blick auf die sechste Schleuse des Kanals.

Im Schleusenwärterhäuschen wird es plötzlich hektisch. „Ladies and gentlemen, at the right side you see the famous Hotel du Nord", tönt es aus den Lautsprechern eines Ausflugsschiffes. Dutzende Kameraobjektive sind auf die Hotelfassade gerichtet. Im Blitzlichtgewitter an Hühnchenknochen zu nagen gehört nicht gerade zu den schönsten Paris-Erlebnissen, aber immerhin lernt man noch etwas dabei. Die Lautsprecherdurchsagen hallen von den Hauswänden mehrfach herüber: „Kein anderer als Napoleon Bonaparte ließ den Kanal errichten, um die Wasserversorgung der expandierenden Stadt zu sichern. Seit 1825 leitet der Canal Saint-Martin das Wasser von der Orcq zur Seine. Es gibt neun Schleusen, fünf Brücken, fünf Fußgängerbrücken und drei Drehbrücken. Die Wasserstraße ist viereinhalb Kilometer lang und verläuft zum Teil unterirdisch." Soweit die Lektion, die alsbald vom Rauschen des Wasserfalls in der Schleuse übertönt wird.

Sonntags, im Frühling, wenn die Kastanien blühen, ist es am Canal Saint-Martin am allerschönsten. Dann sind der Quai de Jemmapes und der Quai de Valmy für den Autoverkehr gesperrt. Aus dem Hotel du Nord dringt 20er Jahre Musik und ganz Mutige tanzen auf der Straße zum Musette-Walzer. Alle Läden links und rechts der Wasserstraße haben geöffnet. Ihre bonbonfarbenen Holzfassaden machen neugierig. Die Enten schnattern und die vielen Besucher an den Café- und Restauranttischen ebenso. „Atmosphère, Atmosphère!", rief Arletty, die Hauptdarstellerin, vor 70 Jahren von einer der Eisenbrücken hinüber zu ihrem Filmpartner. Dort oben, auf der Fußgängerbrücke vor dem Hotel du Nord, steht gerade ein junges Paar und sie könnten dasselbe sagen, es hätte heute noch Gültigkeit.

Abrupt beendet war die Postkarten-Idylle zum Jahreswechsel 2006/2007, als der Canal Saint-Martin plötzlich im Focus medialer Aufmerksamkeit stand. Erst waren es 100, später 250 rote Zelte, die links und rechts der Wasserstraße zu vorübergehenden Notunterkünften für Obdachlose wurden und das romantische Bild vom Clochard unter den Seinebrücken revidierten. Die Organisation „Kinder von Don Quichotte" hatte für die medienwirksame Solidaritäts-Aktion gesorgt und protestierte für das Recht auf eine vernünftige Bleibe. Politiker pilgerten zum Canal Saint-Martin, die Fernsehkameras im Schlepptau, und versprachen jedem ein Dach über dem Kopf. Es war Wahlkampfzeit. Die Zelte sind längst abgebaut, aber rund 9000 Obdachlose gibt es immer noch in Paris.

Nur eine kleine Straße abseits befindet sich das Hôpital Saint-Louis, im 16. Jahrhundert ein Spital für Pestkranke, heute ein normales Krankenhaus. Und jetzt folgt ein Tipp für hartgesottene Gruselschockerfans, oder für solche, die ein unstillbares Faible für Dermatologie haben: in dem

Innenhof des Hôpital Saint-Louis

Gebäude befindet sich auch das *Museum der Hautkrank-heiten* (Musée des Moulages de Maladies de Peau). Alles wird anschaulich in Dutzenden von Glasvitrinen darge-stellt, von der Pestbeule bis zur Krätze, in realistischen Wachsnachbildungen. Viel Vergnügen! Mir juckt es schon überall, wenn ich nur daran denke …

Wenn man das alte Tor zum Hospital und den vorde-ren Hof durchschritten hat, gelangt man in den großen Innenhof. Hier ist immer noch Anno dazumal. Die gleiche Szene könnte sich genau so vor einhundert Jahren abge-spielt haben: eine Frau hält ein Mittagsschläfchen im wei-chen Gras. Unter schattigen, uralten Bäumen diskutieren junge Leute, andere sind in Bücher vertieft. Kein Laut von draußen dringt in den Hof. Die lärmende Stadt scheint weit entfernt.

Gleich oben am Quai Valmy, Ecke Rue de Récollets, befindet sich das kleine Restaurant „L'Atmosphère". Hier treffen sich die Bewohner des Viertels, die Nachfahren der Stallknechte, Droschkenkutscher, Wäscherinnen …, trinken morgens auf dem Weg zur Arbeit einen schnellen Café noir am Thresen, holen sich zur Mittagspause Steak und Salat und jonglieren alles auf einem Plastiktablett zum Kanalufer, weil der Franzose die Freuden einer Mahlzeit unter freiem Himmel schätzt und bei schönem Wetter gerne Picknick macht, wo immer sich die Gelegenheit dazu bietet.

In diesem typischen Pariser Bistro wird Zeitung ge-lesen und das Tagesgeschehen gleich mit den Tischnach-barn diskutiert. Der Patron begrüßt die meisten Gäste per Handschlag, tätschelt einem schlafenden Baby die rosigen Wangen, Küsschen links, Küsschen rechts für die Damen und einen Gruß an Monsieur, dem es hoffentlich gut gehe, obwohl die Benzinpreise ja extraordinaire gestiegen seien, aber was solle man machen, die Welt sei eben très fou.

Der Café Crème auf der Bürgersteig-Terrasse ist nicht so teuer wie anderswo, authentisches Pariser Straßenleben mit Kanalblick inklusive. Hier bleibe ich jetzt erst einmal sitzen!

Metrostation: Jacques Bonsergent

Infos

- Fächermuseum: Atelier Hoguet, Boulevard de Strasbourg 2, Mo, Di, Mi von 14-18 Uhr, August geschlossen, Eintritt 6 €
- Markthalle Saint Quentin: Boulevard Magenta 85, Di bis Sa von 9-13 und 15.30-19.30 Uhr, So und in Ferienzeiten von 9-13 Uhr. In der Markthalle gibt es auch einen „Tante-Emma-Laden", der deutsche Produkte anbietet.
- Roman „Hotel du Nord" von Eugène Dabit, Manholt Verlag, ISBN 3-924903-24-7
- Museum der Hautkrankheiten: Place du Docteur Fournier 2, Besichtigung Mo-Fr nur nach telefonischer Voranmeldung, Tel 0033-1-42499915

Notizen:

Bistro mit Bürgersteig-Terrasse: das ist Paris!

13./12. Arrondissement

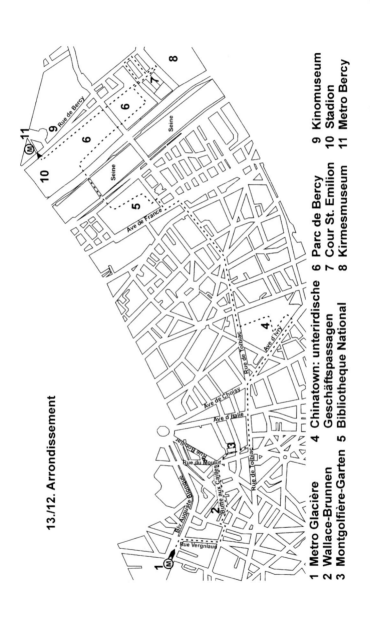

1 Metro Glacière
2 Wallace-Brunnen
3 Montgolfière-Garten

4 Chinatown: unterirdische Geschäftspassagen
5 Bibliotheque National

6 Parc de Bercy
7 Cour St. Emilion
8 Kirmesmuseum

9 Kinomuseum
10 Stadion
11 Metro Bercy

Pekingente und Fischreiher

Metrostation: Glacière
– Dorfidylle, Chinatown und moderne Ansichten

Wir befinden uns im 13. Arrondissement und damit weitab vom touristischen Geschehen. Was keinesfalls bedeutet, dass es hier nichts zu erleben gäbe, ganz im Gegenteil. Kommen Sie mit! Es gibt hier allerhand zu sehen. Zum Beispiel an der Ecke Rue Vergniaud / Rue Daviel. Jeder Parisienne kennt die Selbstportraits von Miss Tic, die stets mit einer poetischen Zeile versehen sind. Seit 1985 sprüht die Künstlerin per Schablone Ihre Silhouette und dazu kleine Botschaften auf Hauswände, Mauern und Trottoirs, überall in Paris. „La Poésie est un Sport de l'Extrême" ist nur einer ihrer markanten Sprüche. Inzwischen ist Miss Tic längst Kult. Es gibt Ausstellungen, Bücher, Kataloge ihrer Werke, nur sie selber präsentiert sich höchst selten in der Öffentlichkeit. So bleibt die Künstlerin immer ein wenig mysteriös.

In der Rue Daviel Nr. 10 schreiten wir durch einen Torbogen mit der Aufschrift „La Petite Alsace". Wir befinden uns in einem Dorf im Elsass. Stockrosen und Geranien blühen vor kleinen Fachwerkhäusern. Apfelbäume säumen den Dorfplatz. Zwischen Margeritenbüscheln und Lavendel räkelt sich eine dicke, fette Siamkatze. Die gemütlichen, kleinen Reihenhäuser stammen aus dem Jahre 1912. Sie wurden damals für sozialschwache, kinderreiche Familien erbaut und sind heute heiß begehrte Stadtdomizile.

Die Straße steigt ein wenig an, wir sind mitten im Quartier de la Butte aux Cailles, das immerhin 64 Meter über Normalparis liegt. Früher war dies ein eher ärmliches Viertel, aber mit lebendiger Nachbarschaft und vielen kleinen Läden und Handwerksbetrieben. Es gab Pferdemetzger,

Kohlenhändler, einen Papiermacher, ein paar Mühlen und ein Bistro, in dem sich die Arbeiter nach der Mühe des Tages trafen. Davon ist nichts geblieben, trotzdem hat sich das Viertel seinen Charme bewahrt. Die Hauptstraße, die Rue de la Butte aux Cailles, ist mit Kopfsteinen gepflastert. Die Häuser rundherum scheinen Miniaturausgaben von Dorfhäusern aus der Provence zu sein. Aus den vielen Handwerksbetrieben von damals sind Restaurants und Läden von heute geworden. Der Wallace-Brunnen auf der „Place de la Commune de Paris" hat jüngst Gesellschaft bekommen.

Die grauen Fahrräder der Vélib-Station stehen aufgereiht in unmittelbarer Nachbarschaft des Jugendstilbrunnens. Zwei Zeitzeichen, wie man sie vielerorts in Paris findet: zum einen die modernen, Terminal gesteuerten Leihfahrrad-Stationen, zum anderen die gusseisernen Trinkbrunnen aus dem 19.Jahrhundert, benannt nach dem Spender, dem reichen Engländer Sir Richard Wallace. Insgesamt 65 davon sind im Stadtgebiet von Paris verteilt. Der großzügige Mäzen, der damals in Paris lebte (und auf dem Friedhof Père Lachaise begraben ist), sorgte dafür, dass nach dem Aufstand der Commune im Mai 1871, nach Chaos und Zerstörung, alle Bürger Zugang zu hygienischer Wasserversorgung bekamen. Heute gehören die verspielten, dunkelgrünen Wallace-Brunnen zum romantischen, malerischen Stadtbild von Paris und niemand käme auf die Idee, sie daraus zu verbannen. Und sie spenden immer noch kostenloses Trinkwasser, vornehmlich an durstige Stadtspaziergänger und Clochards.

Also, halten Sie die Augen auf, wenn Sie durch Paris flanieren, die gute, alte „Fontaine de Wallace" wird Ihnen öfters mal begegnen und Sie dürfen bedenkenlos Ihren Durst stillen. Das Wasser ist von einwandfreier Qualität.

Ich überquere den Place Verlaine, schaue ein wenig den Boulespielern zu und gehe dann durch die schmale

Die Wallace-Trinkbrunnen gehören zum Pariser Stadtbild

Fußgängerpassage Vandrezanne, an deren Ecke sich der Jardin de la Mongolfière befindet. 1783 schwebte hier ein Heißluftballon vom Himmel herab. Heute lassen vier Schuljungs mechanisch aufgezogene Hubschrauber kreisen. Die Rentner auf den Bänken ringsherum schauen zu und kommentieren die Akrobaten der Lüfte wortgewaltig und gestenreich.

Weiter geht es durch die schmale Passage du Moulinet und unvermittelt steht man auf der breiten Rue de Tolbiac. Das dörfliche Quartier der Butte aux Cailles ist zu Ende, Chinatown nicht mehr weit.

Ein kleines Stück die Rue de Tolbiac entlang und dann vor der International Commercialbank of China rechts in die Avenue d'Ivry. Dort beginnt das Reich der Mitte: Chinatown. Alle Fahrräder an der Velib-Station sind ausgeliehen. Etwa 70 000 Menschen indochinesischer Herkunft, die wohl größte asiatische Gemeinde Europas, hat sich hier angesiedelt.

Wer Ende Januar / Anfang Februar in Paris weilt, kann ein besonders farbenprächtiges Spektakel erleben. Dann wird das Chinesische Neujahrsfest in den bunt geschmückten Straßen gefeiert. Papierdrachen tanzen auf dem Asphalt im Rhythmus von Gongs und Tambourins, um die bösen Geister zu verjagen. Das folkloristische Fest dauert eine Woche und zieht alljährlich Tausende Schaulustige an.

Doch jetzt, auf meinem Streifzug durch das Viertel, ist Sommer. Garküchengerüche wabern über Bürgersteige. Bunte Neonreklamen leuchten mit dem Sonnenlicht um die Wette. Die Speisekarten im Restaurant „Maison d'Àsie" und „Miss Saigon" sind auf Chinesisch (oder ist es Indonesisch, Vietnamesisch?) und seitdem immer mehr Touristen von dem Flair des Fernen Ostens angezogen werden, folgt auch schon mal die Übersetzung ins Englische. Wenn man sich mit den asiatischen Gaumenfreuden nicht auskennt, einfach das vietnamesische Nationalgericht „Pho" (eine Art Bouillon mit Nudeln und dünnen Rindfleischscheiben) und eine „Canard laqué" (knusprige Ente) bestellen: lecker, lecker!

Es gibt jede Menge exotischer Restaurants wie grellbunte Schilder verheißen und alle sind um die Mittagszeit proppevoll. Ich werde zu einer Großfamilie an den Tisch katapultiert, denn ich komme allein und man hat wohl Mitleid mit mir. Umgehend werden mir Schälchen mit allerlei undefinierbaren Köstlichkeiten gereicht. Die Kinder haben ihren Heidenspaß an meinen Esskünsten und erteilen mir unter ständigem Gekichere einen Intensivkurs in der Disziplin „Essen fassen mit Stäbchen". Wirklich kapiert habe ich es in der Kürze der Zeit nicht, aber man nickt mir aufmunternd zu, lobt mich überschwänglich, zollt mir Anerkennung von allen Seiten. Also ignoriere ich die Krämpfe in meinen Fingern und kämpfe tapfer mit dem Essen, von dem ich bis heute nicht weiß, was das überhaupt war. Ich denke, Hundebraten ist in Frankreich verboten. Affengehirn? Hundertjährige Eier? Schlangenfrikassee? Ich dementiere und bestätige gar nichts, aber es war lecker und lustig. Die Kinder malen mir noch meinen Namen in chinesischen Schriftzeichen auf Papier, geben mir den Tipp, es doch auf ein T-Shirt drucken zu lassen und lachen sich kaputt. Ein wenig Skepsis sei deshalb wohl angebracht, ob die schönen Zeichen wirklich etwas mit meinem Namen zu tun haben. Zum Abschied muss ich noch chinesischen Hirseschnaps mit den Eltern trinken, dann noch ein „Gambey!" (Prost) auf die Großeltern und noch einen, weil die Völkerverständigung so schön war. Als ich das Restaurant etwas benebelt verlasse, steht die Großfamilie Spalier. Köpfe werden auf zusammengelegte Hände gesenkt und gute Wünsche zum Abschied ausgesprochen.

Die fernöstliche Gastfreundschaft ist legendär und wurde aus dem Reich der Mitte direkt nach Paris importiert, wie auch vieles andere aus der ursprünglichen Heimat der Zuwanderer, deren Wurzeln in China, Vietnam, Laos und Kambodscha liegen.

Little China hat sich im 13. Arrondissement im Osten von Paris, in dem „goldenen Dreieck" zwischen der Rue Nationale, der Avenue d´Ivry und der Rue de Tolbiac angesiedelt., wobei die imposanten Hochhäuser „Les Olympiades" eine ganz besondere Rolle spielen. Man sieht eigentlich sonst keine Hochhäuser in Paris. Der schreckliche schwarze Montparnasse-Turm ragt als einziger seit den 60er Jahren über den grauen Blechdächern der Stadt, als Mahnmal, doch bitte in Zukunft solcherlei Bausünden zu unterlassen. Hier machten die Stadtplaner dann eine Ausnahme, konnten jedoch die Einheimischen nicht ins 13.Arrondissement locken, das damals noch wenig attraktiv war. Dann musste billiger Wohnraum her für die Immigranten aus Fernost, darunter etwa 20 000 Boatpeople, die damals vor den kommunistischen Truppen flohen. Sie bevölkerten fortan die Hochhäuser von Les Olympiades. Als „Wilkommensgruß" wurden einige Betondächer in Pagodenform gegossen. Die Einwanderer brachten ihre Identität mit und bewahrten sie inmitten der französischen Metropole. Andererseits lernten sie schnell Französisch, hatten Ehrgeiz und gefragte Berufe und zeigten, dass Integration auch unproblematisch funktionieren kann. Als Spaziergänger spürt man Freundlichkeit von allen Seiten und niemanden stört es, wenn man durch die exotisch anmutende Welt wandert.

Ich sehe goldene Buddhas, bunte Drachen, Lampions aus Reispapier in den Schaufenstern, Schwerter neben Teetassen, Shorts für Thai-Boxer neben Fächern mit Mandelblütenmotiv. Ich schlendere vorbei an Garnrollenläden und Verkaufsräumen, in denen die Stoffballen deckenhoch

Schaufensterdekoration in Chinatown

gestapelt sind. Ich arbeite mich durch riesige Supermärkte der Brüder Tang, in denen mir kaum ein Stück bekannt vorkommt, alles ist aus Fernost importiert. Die Warenumschlagplätze befinden sich unter den Hochhäusern. Hier im Untergrund kreuzen sich die Geschäfspassagen. Die Modeläden offerieren bunte Seidenkleider mit schmaler Silhouette. Damenschuhe gibt es nur in zierlicher Ausführung, da komme ich mir mit Schuhgröße 37 und Kleidergröße 36 schon wie Gullivers Schwester vor. Filmplakate mit Kung Fu Fightern neben der Bank of China, Tigerbalsam in der Apotheke, pinkfarbene und grüne Teigwaren in der Bäckerei. Reisebüros werben mit Sonderangeboten nach Shanghai und Hongkong. Aus dem Wettbüro dringt Zigarettenqualm und aus der Karaokebar chinesischer Singsang. Auch im CD- und Videoladen dominieren die fernöstlichen Produkte und überall nur asiatische Gesichter. Bin ich in Paris oder in Peking?

Es gibt auch einen Buddhatempel in dem Untergrund-Wirrwarr. Allerdings sollte man ihn nur im Rahmen einer offiziellen Führung besuchen. Erstens: man muss als Tourist nicht unbedingt in die meditative Ruhe hineinplatzen und zweitens ist er ungemein schwer zu finden, handelt es sich doch um keine prunkvolle Pagode, deren vergoldete Dächer und Türmchen im Sonnenlicht funkeln, sondern vielmehr um einen schlichten Kellerraum.

Irgendwann tauche ich dann wieder auf, aus der Unterwelt ins Tageslicht, stehe auf der Plattform zwischen den Hochhäusern und orientiere mich Richtung Norden, geradeaus an den Beton-Pagoden entlang zur Rue de Tolbiac und vorbei an der erst jüngst eröffneten Metrostation „Olympiades".

Die chinesischen Schriftzeichen verschwinden,

Wohlbekanntes rückt wieder ins Gesichtsfeld: Cafés, Bistros, Obst- und Gemüsestände, Tabacläden, eine typische Pariser Straße eben und dennoch ist dies eine besondere. Sie mündet in ein neu erschaffenes, heftig umstrittenes, spektakuläres Viertel am Seineufer. Ich sehe sie schon von Weitem, die vier gigantischen, gläsernen Türme der neuen *Nationalbibliothek*, seit 1997 Realität gewordene Vision der Francois Mitterand-Ära. In Paris kennt man keine Bescheidenheit. Die jeweiligen Machthaber wollen ihre Wegmarken unübersehbar setzen, wie der Sonnenkönig mit Versaille, Napoleon mit Triumphbogen und auch die Präsidenten haben ihren Größenwahn gepflegt, ganz besonders Francois Mitterand. Die Grande Arche im Westen, die gläserne Louvre-Pyramide in der Mitte, und auf dem Weg zur Bibliothek National im Osten noch schnell ein Loch in das alte Handwerkerviertel der Bastille gerissen und die gigantische Oper dort platziert. Understatement war nicht die Stärke des Präsidenten und passt auch irgendwie nicht zur französischen Metropole, wo der Architekt des modernen Paris, Baron Haussmann, die kilometerlangen Boulevards schon vor 150 Jahren größer und breiter konzipierte als anderswo.

Was sind das für schäbige, verwaschen-gelbe Vorgänge vor den Fenstern? Mein erster Gedanke beim Anblick der vier Glastürme. Später sehe ich: es sind Holzjalousien, die den 79 Meter hohen Türmen die Leichtigkeit nehmen. Man hatte während der Planung und des Bauens nicht beachtet, dass bedrucktes Papier und Sonnenlicht nicht unbedingt kompatibel sind. Und um die kostbaren Bücher und Schriften vor dem Verbleichen zu retten, musste noch schnell für ein paar Millionen Franc in Sachen Lichtschutz nachgerüstet werden. „Zu teuer, zu protzig", das Gebäudeensemble ist nach wie vor in der Bevölkerung unbeliebt.

Eine neue Hochstraße über den ehemaligen Eisenbahnlinien, die zum Gare d´Austerlitz führten, heißt Avenue de France und endet vor den Büchertürmen.

„Hallo, ist da jemand?" möchte ich am liebsten rufen.

Esplanade zwischen Hochhaustürmen der Bibliothek

Ich stehe auf der Esplanade zwischen den gigantischen Türmen und fühle mich wie auf einem Ozeandampfer bei schwerem Seegang. Holzplanken unter mir soweit das Auge reicht. Eine riesige Fläche, die ich gar nicht einzuschätzen vermag und ich bin ganz alleine! Wer an einer „Große-leere-Plätze-Phobie" leidet, sollte sich keinesfalls hierhin wagen! Eben noch ein laues Sommerlüftchen während des Spazierganges, herrscht hier mindestens Windstärke 12. Wolkenkratzer-Fallwinde wüten auf den Holzplanken. Ich stehe schräg im Sturm und wanke im Seemannsgang ein-sam umher. Da, Land in Sicht! Ich sehe grüne Baumwipfel inmitten der unendlichen Weite. Mit Stahlseilen sind die krüppeligen Kiefern gesichert und fest in den Boden ver-ankert. Wenn sich zu den Luftturbulenzen, die hier per-manent herrschen, noch ein netter Herbststurm gesellt, würden sie sonst wie Streichhölzer umknicken. Der Sturm bläst jetzt schräg von Achtern. Panik steigt in mir hoch. Der Grüngürtel ist an die 200 Meter breit, liegt aber mindes-tens drei Stockwerke tief und ich treibe direkt darauf zu. Wenigstens kann ich mich an die Metallbrüstung klam-mern, die mich vom Abgrund trennt. Auf der anderen Seite sehe ich einen schmächtigen Asiaten, auch er schwankt im Sturm, hält sich krampfhaft an seinem Rucksack fest. Ich fixiere die Treppenstufen am Ausgang, nehme all meinen Mut zusammen und kämpfe mich bis dorthin vor. Was hat der Architekt sich dabei wohl gedacht? Ich bin fix und fertig!

In den Büchertürmen der Bibliotheque Nationale de France befinden sich über 13 Millionen Werke auf 420 Regalkilometern. Sollen sie doch! Ich geh da nicht mehr hin! (Hab ich dann aber doch wieder getan, an einem schönen August-Nachmittag. Und siehe da: es wehte ein nur relativ zahmes Lüftchen und ein paar Sturm erprobte

Schotten lagen gemütlich auf der Esplanade und sonnten sich!)

Über die kühn geschwungene, im Juli 2006 eingeweihte Fußgängerbrücke „Passarelle Simone de Beauvoir", gelangt man auf die andere Seite der Seine. Auf dem wellenförmigen Holzsteg drehe ich mich noch einmal zu den Büchertürmen um. Die vier Über-Eck-Hochhäuser sollen nach der Intention des Architekten Dominique Perrault aufgeschlagene Bücher symbolisieren, dazu fehlt mir in diesem Moment die Fantasie.

Kaum habe ich den Quai de Bercy, die vielbefahrene Uferschnellstraße der Seine, und den anschließenden Lärmschutzwall überquert, tauche ich ein in sattes Grün. Natürlich haben sich die Landschaftarchitekten für den Übergang von der Passarelle zum Parc von Bercy etwas Sensationelles ausgedacht, wie es sich für Paris gehört. Man geht nicht einfach stinknormale Treppenstufen hinunter, sondern an Wasserkaskaden vorbei, die in schmalen Rinnen fließen, symmetrisch geformt aus Granit. Unten angekommen, erwarten einen links und rechts auf Rasenflächen die Kinder dieser Welt (les Enfants du Monde), große Bronzeskulpturen, lustig anzuschauen.

Ich gehe rechts herum, vorbei an einem duftenden Rosarium, einem Weinberg, einem Staudenparterre, durch einen Hang aus Rispenhortensien und Schilf über eine schmale Fußgängerbrücke in den Teil des Grüns, der wie ein englischer Landschaftspark angelegt ist.

Ein Fischreiher schwebt wenige Meter vor mir durch die lauen Lüfte. „Le ciel de Paris" (der vielbesungene Himmel von Paris) spiegelt sich in den Wasserflächen. Und wenn man sich vorhin in der Rue de Tolbiac, in einer der Boulangerien leckere Pains aux Raisins (Rosinenschnecken) gekauft hat, kann man es sich jetzt auf einer Parkbank gemütlich machen. Ich sitze vom wogenden Schilf flankiert am Ufer eines kleinen Sees. Der Graureiher stolziert vor mir neugierig durchs Wasser und wirft immer mal wieder einen Blick auf meine Mahlzeit. Im Schatten alter Platanen verdösen ein paar Touristen die Anstrengungen des Großstadtlebens. Großeltern und ihre Enkel füttern Enten mit Baguettebrocken. Zwei junge Frauen inspizieren eingehend die Bepflanzungen und machen sich Notizen. Die Sonne scheint warm, es grünt so grün um mich herum und deshalb werde ich mich jetzt dort drüben unter eine Kastanie ins Gras legen, meinen Rucksack als Kopfkissen benutzen und den weißen Wölkchen am blauen Himmel zuschauen.

Urlaub in Paris kann so herrlich entspannend sein, dank der Parks, begrünten Plätzen und Promenaden, die nicht angelegt wurden, um den Besuchern eine Freude zu machen, sondern um den Stadtbewohnern, die zumeist in kleinen, engen Wohnungen ohne Balkon leben, Raum zur Erholung und Entfaltung zu geben. Von der Devise der Stadtplaner, kein Bürger solle es weiter als 500 Meter zur nächsten grünen Oase haben, profitieren wir Touristen, die wir Tag und Nacht auf den Beinen sind, ganz erheblich. Wer einmal stundenlang im Louvre herumgeirrt ist, wird sich anschließend ermattet und dankbar in die Tuilerien fallen lassen. Wem die Socken qualmen vom Schaufenstergucken und Shoppen ist froh, die Beine zwischen den Rabatten im Jardin Palais Royal ausstrecken zu können.

Paris ist eine Gartenstadt, dies möchte ich jetzt einmal extra betonen, weil man mit der französischen Metropole nicht unbedingt Birnbaumalleen, mediterrane Gärten, einen Palmenstrand, bunte Blumenwiesen, Seerosenteiche, Heckenlabyrinthe, Irrgärten, Rosenspaliere, Kräutergärten, Beete voller Duftblumen, knorrige alte Bäume, englische Landschaftgärten, strenge, französische Parterres und immer wieder herrlich farbenfrohe Blumenrabatten assoziiert.

Dies alles gibt es in Paris und zwar reichlich. Die kleine, begrünte Straßenecke mit Bank und Baum. Die unzähligen „Squares", Plätze am Fuße einer Kirche, einer Statue, gern auch mit einem plätschernden Springbrunnen, vielleicht einer Boulebahn oder einem Kinderspielplatz, immer von einem niedrigen Eisenzaun eingefasst und durch ein klapperndes Gartentor zugänglich.

Dann die großen Parks, zumeist von renommierten Landschaftsgärtnern angelegt oder modernisiert, wo der Großstadtverkehr nur noch als leises Rauschen im Blätterwald wahrnehmbar ist, wie hier im *Parc de Bercy*

Man könnte meinen, diese grüne Oase mit ihren alten Kastanien und Platanen existiert schon seit Generationen, tatsächlich gehört sie zu den jüngsten Projekten der ambitionierten Pariser Parkgestalter. Genau hier, wo ich jetzt entlang schlendere, rollten noch vor wenigen Jahren die Weinfässer. Am Seineufer wurden die Boote entladen und die Fässer in die großen Weinlager von Bercy gebracht. Manche Relikte der geschäftigen Vergangenheit kann man zwischen weiten Rasenflächen, gepflegten Rabatten, Buchsbaumparterres und Duftgärten noch entdecken. Einige gepflasterte Wege mit eingelassenen Gleisen, mehrere Weinkeller und Lagerhäuser wurden in das Parkkonzept integriert.

Wenn man den Parc Bercy an der östlichen Seite verlässt, steht man mitten im Freizeitambiente. Ein kompletter Straßenzug, der Cour St. Emilion, wurde zur fröhlichen Ferieninsel à la „Club Med World". Den Charme der alten Weinlagerhäuser hat man allerdings komplett wegrenoviert. In den neuen alten Mauern befinden sich Restaurants, Fitness und Wellness, Kosmetikstudio, Kinderanimation, Dampfbad und Bodystretching, Massage und Kinderkunstbuchladen mit so netten Titeln wie „Mon petit Picasso". Hier kann man eine Auszeit vom Alltag nehmen

Fabelwesen aus Stein im Parc de Bercy

ohne verreisen zu müssen. Allerdings vermitteln die langweilig und gleichförmig renovierten Hausfassaden das Flair eines Erlebnisparks oder einer Filmkulisse, zumal die Fußgängerzone vor einem großen Kinokomplex endet.

Interessant wird es einen Straßenzug weiter. In der Rue des Pirogues de Bercy sind die Fassaden der kleinen Häuschen nicht glattgestrahlt und schöngeputzt. Hier meint man noch das Rumpeln der Weinfässer zu hören.

Ein ganzes Areal dahinter, auf dem Place des Vins de France, widmet sich den Vergnügungen längst vergangener Tage. Auf 5000 Quadratmetern zogen Gaukler und Illusionisten, Varietékünstler und Jahrmarktschreier in die betagten Weindepots ein. Alte Karussells mit Holzpferdchen und blecherne Schiffschaukeln, bunt bemalte Süßigkeitenstände und Schaubuden, Drehorgelklänge, eine bunte, schillernde, funkelnde Welt früherer Jahrmärkte tut sich auf, wenn man das Glück hat, hinein gelassen zu werden. Das „Musée des Arts forains“, das Kirmesmuseum, öffnet sich nur nach telefonischer Voranmeldung und wird zudem gerne als nostalgisches Event von Firmen, Betrieben und Vereinen gemietet. Fast jeden Abend drehen sich die Karussellpferdchen, laufen die Walzen-Klaviere heiß, wird auf den Lukas gehauen, dass es nur so scheppert. Ich kann mir das bunte Treiben vorstellen, alles was ich heute zu sehen bekomme, sind silberne Glitzersterne auf dem Bürgersteig vor dem geschlossenen Eingang.

Zurück ins Grüne. Fußgängerbrücken überwinden eine lebhafte Straße und verbinden die beiden Hälften des Parks Bercy miteinander.

Nach der Allee „Jean Paul Belmondo“ und hinter dem Garten „Yizhak Rabin“ nimmt die Botanik einen seltsamen Verlauf. Der Rasen wächst steil nach oben und begrünt die Außentribünen des Palais Omnisport. In diesem Stadion für 17 000 Besucher finden Sportveranstaltungen und

Rockkonzerte statt. Die „hängenden" Rasenflächen müssen künstlich bewässert und mit Spezialgeräten gemäht werden. Viel Aufwand, aber eine verblüffende optische Wirkung. Jetzt ist Sommerpause. Nur ein paar Rollerscater flitzen über Treppenstufen und Vorplatz und geben eine Gratis-Vorstellung ihrer halsbrecherischen Aktionen.

Zwischen den Bäumen rechts sieht man ein merkwürdiges Gebäude. Entweder war dem Architekten schwindelig, oder man selbst ist es. Die einzelnen Baukörper hängen irgendwie schief in der Gegend herum. Es handelt sich um das ehemalige American-Center, das jüngst eine neue Bestimmung erhalten hat. Der international renommierte Architekt Frank Gehry hat das postmoderne Gebilde entworfen, in dem seit 2006 die *Cinémathèque Francaise*, das Kinomuseum, untergebracht ist.

Auf dem Weg zur Metrostation steht man dann verblüfft vor einem riesigen Ozeanliner, der gerade die Seine anzusteuern scheint. Dies ist keine Fata Morgana, sondern das neu erbaute Finanzministerium. Und die runde Terrasse obendrauf ist nicht das Sonnendeck, sondern ein Hubschrauberlandeplatz. Wie gesagt, die Franzosen mögen es gerne eine Spur pompöser als anderswo.

Die Metrostation Bercy ist gleich um die Ecke. Sie gehört zur Linie 14, die vom Bahnhof St. Lazaire zur Bibliothek de France und seit Neuestem auch bis zu den Hochhäusern von „Les Olympiades" führt. Der Météor ist ein hypermoderner, computergesteuerter Geisterzug ohne Fahrer. Gläserne Wände vor den Gleisen öffnen sich. Ich steige ein, ganz vorne, weil ich auch mal Lokomotivführer sein will, und ab geht's, immer schneller und schneller. Friedrich Dürrenmats Geschichte „Der Tunnel" fällt mir ein. Mein Herz beginnt heftig zu klopfen, während der führerlose Zug durch den Untergrund von Paris jagt. Wenn ich bedenke, wie oft mein Computer Zuhause abstürzt, ist die Chance heile anzukommen wahrscheinlich nicht sehr groß. Als der Zug schließlich wie von Geisterhand bremst, meine ich beim Aussteigen so etwas wie Erleichterung auf den Gesichtern der Mitfahrer zu entdecken.

Metrostation: Bercy

Infos
- Nationalbibliothek: Mo 14-19 Uhr, Di-Sa 9-19 Uhr, So 12-18 Uhr
- Parc de Bercy: immer geöffnet, nur ein Teilbereich wird Abends abgeschlossen
- Musee des Arts forains: Avenue de Terroirs de France 53, Voranmeldung telefonisch unter 33-1-43401622, www.pavillons-de-bercy.com
- Kinomuseum: Rue de Bercy 51, werktags von 12-19 Uhr, Do bis 22 Uhr, Sa + So bis 20 Uhr, Di geschlossen, Eintritt 5 €, www.cinematheque.fr

Notizen:

Parkspaziergang in Bercy

11./20. Arrondissement

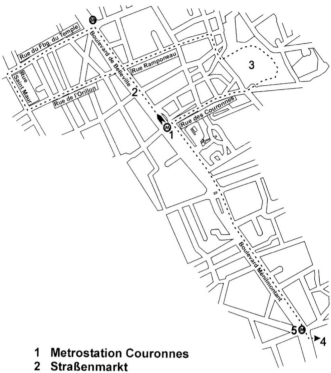

1 **Metrostation Couronnes**
2 **Straßenmarkt**
3 **Parc de Belleville**
4 **Friedhof Père Lachaise**
5 **Metrostation Père Lachaise**

Marktgeschrei und Totenstille

Metrostation: Couronnes
– Multikulti und der berühmteste Friedhof der Welt

Morgens um 10 in Paris. In Paris? Kaum zu glauben! Die Metrotreppe führt direkt hinein ins *Marktgeschehen von Belleville*, einem Multikultiviertel im Westen der Metropole. Zunächst fällt das unglaubliche Gewühle auf. Menschenmassen schieben sich an den Marktständen vorbei und schon ist der erste Einkaufstrolley über meine Füße gerollt. Ich lasse mich einfach mittreiben, von Stand zu Stand, von Auslage zu Auslage und muss mich an den Straßenschildern orientieren, damit ich auch die richtige Richtung einschlage. Vor mir und hinter mir sieht alles gleich aus: Marktstände bis zum Horizont. Araber mit Kaftan, Wüstensöhne mit blauem Turban, Schwarzafrikanerinnen in traditionell farbenfrohen Stoffen gekleidet, ihre Babys im Tuch auf den Rücken tragend. Ein buntes Völkergemisch lebt in diesem Viertel und der Straßenmarkt ist ihre Begegnungsstätte, vielleicht auch ein Stück Heimat.

Obwohl das Leben der Immigranten in Paris problematisch ist, hier auf dem Markt merkt man davon nichts, im Gegenteil, es geht laut und fröhlich zu. Die Marktschreier stehen Ihresgleichen im Bazar von Marrakech oder auf dem berühmten Merkato in Addis Abeba in puncto Lautstärke und Überzeugungskraft in Nichts nach. „Unoro! Unoro! Unoro!" hallt es vielstimmig durch die Gänge und ich brauche schon ein paar Schiebemeter um zu registrieren, was das bedeutet. Alles scheint hier nur einen Euro zu kosten. Gegen Mittag, wenn die letzten Waren auf Käufer warten, kommt noch eine Variante hinzu: „Unkilounoro!", Dumpingpreise also und die Einkaufstrolleys sind schwer beladen und rollen einem immer noch über die Füße, was jetzt richtig weh tut.

Das Kauderwelsch an Sprachen und Dialekten ist beachtlich. „Salemaleikum!", begrüßen sich Männer am Miederwarenstand, während ihre verschleierten Frauen kreischend und lachend Büstenhalter begutachten, die kleinen hautfarbenen Zirkuszelten ähneln.

Ich treibe vorbei an Bergen grell bunter Stoffe, Wühltische voll golden glänzender Pantoffel, wie sie Aladin gefallen hätten. Der Stand mit allerlei Krimskrams hat so gewaltige Dimensionen, dass die Verkäufer mit einer Art Schmetterlingsnetz en miniature nach den Waren angeln müssen. Taschenmesser, Sonnenbrillen, Nagellack, Glühbirnen, Blasenpflaster, Klobürsten ...und schon hat man mich weiter geschoben zu den duftenden Gewürzen des Orients. Nelken, Koriander und Berge frischer Pfefferminze betören meinen Geruchssinn.

„Madame, unoro!", ein Ananasverkäufer fixiert mich, schlägt mit der Machete eine saftige Frucht in kleine Stücke, spießt ein Teilchen mit der Messerspitze auf und schiebt es mir in den Mund, das alles in höchstens drei Sekunden.

Meine Nase sagt mir, wir nähern uns den Fischständen. Als die vielen Rücken vor mir weiter ziehen, auf denen einige süße Babys selig schlummern, glotzen mich auch schon hundertfach glänzende Fischaugen an. Man watet jetzt durch Pfützen. Es ist warm. Das Eis schmilzt. Die schuppige Ware muss schnell verkauft sein. Die Händler schreien was die Stimmbänder hergeben.

Auf dem Markt von Belleville tobt jeden Dienstag- und Freitagvormittag das volle Leben. Wenn man den letzten Stand hinter sich gelassen hat und damit auch die drangvolle Enge, betörenden Düfte und laute Kulisse, atmet man unwillkürlich erst einmal tief durch und fühlt, ob man noch alle Sachen beisammen hat. Die geschundenen Füße muß man später pflegen, denn jetzt wird es Zeit für einen starken Café noir.

Afrikanische Impressionen auf dem Markt von Belleville

Ich gehe ein Stück die Rue du Foubourg du Temple hinunter. Die Namen der Läden spiegeln die Herkunft der Bewohner von Belleville wider: Bazaar Shalimar, Boucherie Muselmane, marokkanische Teestuben und eine Filiale des berühmten Billigkaufhauses Tati. Links um die Ecke, in der Rue Saint Maur, gibt es Blumen und Werkzeuge bei Mr. Bricolage. In einem kleinen Möbelladen liegt der Verkäufer lang ausgestreckt auf einem Futon im Schaufenster und schläft. Die beste Werbung für seine Betten.

Gegenüber der Kirche Saint Joseph dringt aus dem „Café de la Place" vielstimmiges Lachen nach draußen. Auf dem Bürgersteig haben die Postboten des Viertels ihre mit Briefen prall gefüllten Trolleys geparkt und gönnen sich ein Schlückchen. Sie trinken Pastis, ich Cafè noir und sie prosten mir zu: „Santé!"

An der Rue de l´Orillon / Ecke Rue R. Houdin befindet sich zwischen kleinen Teppichläden und Bars das Büro der *Bewohnerinitiative*. 80 Nationen leben links und rechts des Boulevard de Belleville in Labyrinth ähnlichen Gassen und Straßen, ein Schmelztiegel der Kulturen. Die Initiative ist sozial engagiert, fördert die Begegnungen der Bewohner, damit man sich kennenlernt, respektiert und Verständnis füreinander erlangt in diesem kosmopolitischen Mosaik. Man besucht mit Kindergartengruppen alteingesessene Bewohner in ihrem Zuhause. „Sie sind unsere lebenden Gedächtnisse und können den Kindern viel über die Geschichte ihrer Heimat erzählen," erklärt mir Maurice, einer der ehrenamtlichen Mitarbeiter. Man besucht die Handwerksbetriebe, die Kaufleute, die Fabriken oder den Bürgermeister, veranstaltet Straßenfeste und gemeinsame Spaziergänge durch das Quartier. Auch der Tourismus profitiert von der Initiative. Regelmäßig werden begleitete Rundgänge angeboten, öffnen die Künstler des Quartiers ihre Ateliers und einige Bewohner ihre Gartenpforten.

Einfach im Büro fragen, was gerade auf dem Programm steht!

Um den Boulevard de Belleville zu überqueren muss ich mich zwischen bunt bemalten und Graffiti besprühten Lieferwagen der Marktbeschicker vorbei zwängen, dann steigt die Straße hinauf und schon nach wenigen Minuten stehe ich am rauschenden Wasserfall im Parc von Belleville.

Aber die eigentliche Attraktion in dieser grünen Oase ist die fantastische Aussicht: ganz Paris liegt einem zu Füßen. Vom Montmartre habe ich schon dutzendfach hinab auf Paris gesehen, jedesmal ist es wieder überwältigend. Aber die Belleville-Perspektive, eingerahmt von Laubengängen und Buchsbaumornamenten, ist ebenfalls reizvoll und hat noch einen Vorteil: es sind kaum Touristen hier. Man kann das Panorama in aller Ruhe genießen, während die Aussichtsterrasse vor Sacré Coeur stets einem Rummelplatz gleicht.

Auf dem breiten Trottoir des Boulevards schlendere ich an Läden und Restaurants aller Herren Länder vorbei in Richtung *Cimetière Père Lachaise*, dem wohl berühmtesten Friedhof der Welt. Aber vorher brauche ich eine Stärkung. Das *Restaurant „Mère Lachaise"* offeriert leckere Öko-Produkte. Eine große Schüssel grüner Salat mit Apfelstücken und Walnüssen, dazu ein mit Olivenöl getränktes und mit Käse überbackenes Vollkorn-Croque müssen es schon sein, denn die vor mir liegende Aufgabe verlangt Kraft und Ausdauer.

Der Friedhof ist riesengroß. Ohne Lageplan ist man verloren im Gewirr der Wege, Sarkophage und Monumente. Am Blumenstand vor dem Eingang oder im Büro der Friedhofsverwaltung gibt es Faltpläne. Nur einen Blick auf das Infoschild am Eingang zu werfen nützt nichts, man wird sich hoffnungslos auf dem 43 Hektar großen Areal verlaufen. Wie gerade jetzt sechs junge Japaner, die

Herrliche Aussichten im Parc de Belleville

orientierungslos umher schauen und mich dann verzweifelt fragen: "Do you know where Jim is?" Ja, ich weiß wo Jim ist. Der legendäre Leadsänger der Doors liegt in der 6.Division begraben, kurz hinter dem Grabstein von Ferdinand de Lesseps, dem Erbauer des Suez-Kanals. So viele berühmte Namen, so viele Tote in über 1 Mio. Gräber, und nahezu jeder Besucher des Friedhofs sucht Jim Morrison. Es ist das meistbesuchte Grab auf dem Père Lachaise.

Also liebe japanische Rockfans, immer mir nach! Der Friedhof ist in 97 Divisionen eingeteilt, wie soll man sich da ohne Hilfe zurecht finden? An der 67. Division schließen sich ein paar spanische Besucher an. An der Ecke 12./21. Division gesellt sich noch ein australisches Pärchen dazu und auf dem Grand Rond, dem großen Rondell, reiht sich dankbar eine deutsche Touristengruppe ein. Jemand stimmt „Light my fire" an, alle singen mit.

Ein fröhliches, polyglottes Völkchen stolpert über Kopfsteinpflaster erwartungsfroh dem Grab von Jim Morrison entgegen.

Früher zeigten kleine Pfeile an den Bürgersteigkanten den Fans aus aller Welt die Richtung an. Von Weitem leuchtete schon sein Grab aus dem Einheitsgrau hervor. Bunte Graffiti markierten die letzte Ruhestätte des Rocksängers. Als ich vor einem Jahr zuletzt hier war, steckte ein Joint genau zwischen den Buchstaben I und M auf dem Grabstein und Whiskyflaschen standen daneben. Jim Morrison starb an exzessiven Alkohol- und Drogenkonsum am 3. Juli 1971 mit 27 Jahren in der Badewanne einer Wohnung in der Rue Beautreillis im 4. Arrondissement. Und seitdem reißt der Pilgerstrom zum Grab des Rockpoeten nicht ab.

Der Friedhofsverwaltung wurde es inzwischen zu bunt. Die Zeitzeichen der Fans wurden entfernt, Absperrgitter verhindern nunmehr den direkten Zugang zum Grab. Ein Friedhofswärter steht zumeist in unmittelbarer Nähe und

Rockfans auf der Suche nach Jim Morrison

wirft einen strengen Blick auf die Besucher. Ich wundere mich jedesmal über die zahlreichen jungen Leute die hierher pilgern. Zwischen Techno, Pop und Hiphop die alten Songs der Doors zu finden ist nicht einfach. Ich frage Kathy, die junge Australierin, wie sie das gemacht hat und sie antwortete, dass sie nie die Anfangssequenz des Films „Apocalypse now" und die Stimme von Jim Morrison – „This is the end, beautiful friend …" – vergessen würde.

Das Grab ist schmucklos und trist. Die Büste wurde schon vor Jahren entwendet, aber es liegen immer frische Blumen im Staub vor dem Grabstein und Briefe an einen Rockrebellen, der seit 36 Jahren tot ist.

Ich lasse mich weiter treiben durch diese wundersame Totenstadt. Die Gräber zahlreicher Berühmtheiten kenne ich von früheren Besuchen. Marcel Proust, der auf der Suche nach der verlorenen Zeit in der 85. Division landete. Oder der „Spatz von Paris", die unvergessliche Edith Piaf, deren Grab man an den vielen frischen Blumen erkennt. Die Schriftstellerin Colette, der Maler Modigliani und all die anderen berühmten Namen: Honoré de Balzac, Guillaume Apollinaire, Molière, Gertrude Stein, Oscar Wilde, Max Ernst, Yves Montand, Simone Signoret, Gilbert Bécaud, Maria Callas, Frédéric Chopin, Eugène Delacroix, Erinnerungen an Träger großer Namen unter schlichten Grabplatten oder monumentalen Steinbüsten und Bronzestatuen.

Viele Namen sind darunter die mir bekannt sind, obwohl ich deren Träger nicht kenne. Boulevards und Avenuen, Plätze und Metrostationen sind nach ihnen benannt und man begegnet ihnen deshalb immer wieder in Paris: Gay-Lussac, Geoffroy St-Hilaire, Victor Cousin, Choiseul, Jules Joffrin, Ledru-Rollin, Masséna, Parmentier, Richard-Lenoir und andere.

Überkommt mich gewöhnlich eine Melange aus Andacht und Beklemmung wenn ich einen Friedhof betrete, so trifft dies auf den Père Lachaise keineswegs zu. Die Atmosphäre ist heiter in diesem weitläufigen Park mit selten schönen Baumbestand, in denen die Vögel zwitschern. Katzen räkeln sich auf den sonnenwarmen Grabsteinen. Gräber erzählen mir Geschichten von Hochmut und Bescheidenheit, Größenwahn und Liebe, Tod und Teufel, Glaube und Hoffnung, Dekadenz und Elend, Frieden und Freude. Es gibt Engel, tausendfach, und es gibt steinerne Klageweiber, Büsten mit strengen oder sanften Gesichtszügen, verblichene Portraits aus Porzellan. Meterhohe Obelisken oder Pyramiden zeugen von der Eitelkeit, noch im Tod der Größte sein zu wollen. Es gibt über hundert Jahre alte Gräber zwischen Zedern und Zypressen, auf denen Flechten wuchern und die Grabsteine längst umgefallen oder zerbrochen sind und vom Moos erobert wurden. Unzählige Grabkapellen und Grabhäuser lassen manche der Wege auf dem Père Lachaise wie mittelalterliche Dorfstraßen erscheinen. Oberhalb der 4. Dimension hat man einen herrlichen Ausblick den Hang hinunter über die Totenstadt.

Und dann gibt es noch zwei merkwürdige Gräber, die im Laufe von über hundert Jahren zu Pilgerstätten geworden sind. In der 44. Dimension tragen vier Dolmen oder Hinkelsteine eine schwere Steinplatte. Aber warum berühren Besucher die glänzende Bronzebüste darunter, murmeln Unverständliches vor sich hin, schließen die Augen und verharren minutenlang in Meditation? Allan Kardec liegt dort begraben, seit 1869. Wer Allan Kardec war? Keine Ahnung! Ein Friedhofswärter klärt mich später auf, es handele sich um einen Spiritisten, der die Seelenwanderung predigte. „Ein Druide aus der Bretagne", schmunzelt er. Seine Anhängerschaft sei von Jahrzehnt zu Jahrzehnt gewachsen, wohl durch Mundpropaganda.

Das gleiche Schicksal, wenn auch aus gänzlich anderen Gründen, ereilte den jungen Journalisten Victor Noir. Er

Schöner Jüngling in Bronze: das Grab von Victor Noir

liegt in Lebensgröße ausgestreckt auf seinem eigenen Grab, in Bronze gegossen. Ein schöner Jüngling, erschossen im Jahre 1870 mit 22 Jahren, vermutlich von einem gehörnten Ehemann. Denn Victor Noir war ein Bonvivant par excellence und hatte die feinen Damen der Gesellschaft reihenweise beglückt. Als ich an seiner Grabstätte in der 92. Division vorbeikomme, steht dort eine französische Besuchergruppe. Der Fremdenführer fragt gerade, ob jemand der anwesenden jungen Damen einen dringenden Kinderwunsch verspüre. Sie solle doch einfach mal die besonders edle Stelle des bronzenen Jünglings berühren und schon klappe es mit der Familienplanung. Alle lachen und als die Gruppe dem nächsten Grab entgegen eilt, bleiben zwei kichernde, junge Frauen zurück, fassen mit geröteten Wangen dem bronzenen Victor kurz an die edlen Teile und laufen schnell weiter.

So sorgt der schöne Victor Noir – fast 140 Jahre nach seinem tragischen Tod – immer noch für Liebesglück. Die blankpolierte Stelle an seinem bronzenen Abbild ist der Beweis.

Der Père Lachaise erzählt so viele lustige und traurige und spannende und schöne Geschichten. An einem grauen Novembertag sollte man allerdings nicht hierher kommen, wenn die Totenhäuser morbide und kalt wirken in der sterbenden Natur. Suchen Sie sich einen hellen, warmen Sonnentag aus. Dann wird der Friedhofsbesuch zu einem unvergesslichen Spaziergang in das Reich der Fantasie.

Metrostation: Père Lachaise, Gambetta o. Phillipe Auguste

Infos
- Markt von Belleville: Di + Fr von 8-13 Uhr mitten auf dem Boulevard de Belleville.
- Bewohnerinitiative: www.sa-ce-visite.fr
- Restaurant Mère Lachaise, Boulevard de Ménilmontant 78.
- Friedhof Père Lachaise: geöffnet täglich von 8-18 Uhr, im Winterhalbjahr bis 16 Uhr.

Notizen:

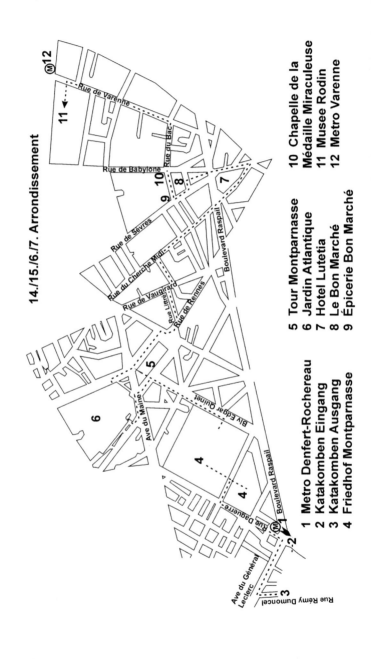

14./15./6./7. Arrondissement

1 Metro Denfert-Rochereau
2 Katakomben Eingang
3 Katakomben Ausgang
4 Friedhof Montparnasse

5 Tour Montparnasse
6 Jardin Atlantique
7 Hotel Lutetia
8 Le Bon Marché
9 Épicerie Bon Marché

10 Chapelle de la
   Médaille Miraculeuse
11 Musee Rodin
12 Metro Varenne

Totenschädel und Denkerstirn

Metrostation: Denfert / Rochereau
– Aus der Unterwelt zum Höllentor

Jetzt heißt es ganz tapfer sein: wir besuchen „*Les Cata-combes*". Die Warnschilder am Eingang machen mich etwas nervös. Nur wer gesund und fit ist, darf hinab in die Unterwelt. Herz- und Kreislaufkranke, Asthmatiker und Kinder sollen besser draußen bleiben. In der Warteschlange entlang des Zaunes steigt die Stimmung. Mehr als 200 Besucher auf einmal kommen nicht hinein. Was erwartet uns dort unten in den Eingeweiden von Paris? Unvorstellbare 6 Millionen Gebeine! Sie wurden im 18. Jahrhundert von mehreren überfüllten städtischen Friedhöfen aus hygienischen Gründen (in der Stadt müffelte es gewaltig), in die unterirdischen Steinbrüche von Denfert-Rochereau überführt. Nachts, damit die Einwohner von Paris nicht schockiert wurden, rumpelten die Karren mit der makabren Ladung durch die Gassen. Gebeine aus der Revolutionszeit kamen hinzu und so füllten sich die Katakomben, die inzwischen zu den viel besuchten Touristenattraktionen in Paris zählen.

Eine Wendeltreppe führt hinunter ins Pariser Souterrain, fast 200 Stufen lang. Dann wieder ein Hinweisschild: „Hier beginnt das Reich des Todes", es gibt kein Zurück mehr. Der Weg ist vorgegeben, man darf nicht einfach rechts oder links im Labyrinth verschwinden, vermutlich findet man dann nie wieder hinaus. Die Luft ist stickig, das Licht funzelig. 1,7 km Unterwelt liegen vor mir und was über mir ist, will ich gar nicht so genau wissen. Ich spüre ein leichtes Zittern, wahrscheinlich donnert gerade die Metro über meinen Kopf hinweg. Dann sind da noch Schächte für die Schnellbahn, mannshohe Kanäle der

Wasserversorgung, Schichten voller Rohre für Heizung und Elektrizität, auch der Goldschatz der französischen Nationalbank lagert hier irgendwo. Der Untergrund von Paris ist ein durchlöchertes, fragiles Gebilde. Ein Wunder eigentlich, dass nicht alles zusammenkracht. Derlei Gedanken gehen einem durch den Kopf, wenn man sich in der Unterwelt befindet. Und dann ist man plötzlich da, in der Rotunde der Schienbeine, wo die Wände aus Knochen und Schädeln bestehen, hübsch aufgeschichtete, ornamentale Muster und Mosaike aus menschlichen Gebeinen, makaber und faszinierend zugleich. Ein morbides Horrorkabinett und unter künstlerischen Aspekten betrachtet: eine gigantische Skulptur aus Gebeinen.

Nach einer Dreiviertelstunde tiefer Einblicke in die Pariser Untergrundszene führen Wendeltreppenstufen aufwärts zum Tageslicht. Dem Himmel sei Dank!

Es gibt schon merkwürdige Museen in Paris. Wenn man die Mona Lisa mal links liegen lässt und sich auf die Suche nach den unzähligen kleinen, skurrilen Museen begibt, dann wird man aus dem Staunen gar nicht mehr heraus kommen. Und da wir gerade bei den makabren Dingen sind, nun da gibt es noch andere Orte des Grauens. Das Museum der Hautkrankheiten zum Beispiel im Hôpital Saint-Louis oder die Knochenkarawane in der Galerie d'Anatomie. Mediziner vergangener Jahrhunderte, die in Paris lehrten und forschten, haben so einige ihrer Entdeckungen in fein säuberlich beschrifteten Glasbehältern aufgehoben, präpariert für die Ewigkeit. Den morbiden Charme der Pathologie kann man besichtigen, wenn man will.

Mich zieht es aber jetzt zu einem schöneren Ort der Toten, den *Friedhof von Montparnasse*, der Ruhestätte vieler Maler, Bildhauer, Schriftsteller, Musiker und Gelehrter.

Die Rue Daguerre führt dorthin, eine Fußgängerzone mit Marktcharakter und netten Restaurants. Schmeckt der

Grab von Jean-Paul Sartre und Simone de Beauvoir

Café Crème schon wieder nach dem Anblick unzähliger Totenschädel? Aber ja, pardon, und ein Schokocroissant noch dazu!

Am Friedhofseingang frage ich nach einem Übersichtsplan. Auf der nächstgelegenen Bank wird zunächst die Lage der Prominentengräber studiert. So viele berühmte Namen, Charles Baudelaire (ein Denkmal nahe der Friedhofsmauer erinnert an den Dichter und sein Werk „Der Vampyr"), Man Ray, Eugène Ionesco, Guy de Maupassant, ect., da heißt es Prioritäten setzen.

Serge Gainsbourg will ich besuchen (wegen des gehauchten „Je t´aime"), André Citroen (weil mein erstes Auto ein 2 CV war), Samuel Beckett (wegen des Romans „Warten auf Godot"), Claude Sautet (wegen des Films „Die Dinge des Lebens") und natürlich den Philosophen Jean Paul Sartre und die Schriftstellerin Simone de Beauvoir, von der ich „Die Mandarins von Paris" als Reiselektüre im Gepäck habe.

André Citroen muß ich lange suchen. Keine Skulptur in der Form eines Automobils, die ich eigentlich erwartet hatte, nur ein ganz normales Familiengrab.

Auf der schlichten Grabplatte des Nobelpreisträgers Samuel Beckett wurden handschriftliche Glückwünsche zum 100. Geburtstag abgelegt und ein Metroticket mit der Notiz „It´s time to take a train". Bei Serge Gainsbourg, dem 1991 verstorbenen Sänger und Komponisten, ist der Grabstein hinter Blumenbouquets, Fotos, Zeichnungen,Teddybären, Zigarettenschachteln und Weinflaschen kaum zu sehen. Und was die Wirßingkohlköpfe für eine Bedeutung haben, wissen wohl nur die französischen Fans.

„Gardez la calme devant la Dissonance" (Bewache die Ruhe nach den Misstönen) steht auf dem Grab des im Jahr 2000 verstorbenen Regisseurs Claude Sautet, der so wunderbare Filme mit seinen Lieblingsschauspielern Romy Schneider und Michel Piccoli gedreht hat.

Jean Paul Sartre und Simone de Beauvoir ruhen unter einer Grabplatte im Tode vereint, im Leben wohnten sie stets getrennt. Gleich neben ihrem Grab verlasse ich den Friedhof durch das Haupttor.

Über den Boulevard Edgar Quinet geht es direkt auf die *Tour Montparnasse* zu, dem hässlichen, schwarzen Wolkenkratzer, der 209 Meter hoch wie ein Fremdkörper aus der Pariser Innenstadt ragt. Ein Touristenmagnet ist er trotzdem, weil seine Terrasse im 59. Stockwerk eine atemberaubende Aussicht über Paris bietet. Von Stockwerk 0 bis 56 rauscht der schnellste Lift Europas in nur 38 Sekunden. Wer auf dem Rummelplatz gerne in den Power-Tower steigt, der kommt hier auf voll auf seine Kosten, inklusive Kribbeln im Bauch und wackeligen Beinen nach der Rückkehr zur Erde.

Wenn ich jetzt auf das moderne Bahnhofsgebäude des Gare Montparnasse zugehe, muss ich unwillkürlich an ein spektakuläres Fotomotiv denken, das um die Welt ging und inzwischen auf Postern verewigt ist: eine Lokomotive, die über ihr Ziel hinausschoss und kopfüber durch die Glasfront des Bahnhofs auf die Straße stürzte. Dieses Bild begegnet einem immer mal wieder in Paris, auf Ansichtskarten, in Reiseführern oder auf Fotos bei den Bouquinisten am Seineufer.

Auf dem Bahnhofsvorplatz herrscht ein unglaubliches Gewühle. Ein Zeitungsverkäufer auf den Grand Boulevards gab mir mal den Rat: "Madame, schnallen Sie sich ihren Rucksack besser vor den Bauch. Hinten haben Sie keine Augen und die Taschendiebe räumen Ihnen alles leer!" Ich habe diesen Rat nie befolgt, weil ich es albern finde wie ein Känguruh durch die Stadt zu laufen. Und was soll ich dazu sagen: aus meinem Rucksack fehlte nie etwas. Doch hier

Der „Jardin Atlantique" auf dem Bahnhofsdach

im Gedränge habe ich plötzlich das Gefühl mein Hab und Gut vor Langfingern sichern zu müssen. Es wird Zeit für eine Erholungspause.

Links vom Bahnhofsgebäude befindet sich ein gläserner Aufzug. Er fährt 18 Meter hoch direkt auf das Dach vom Gare Montparnasse. Hier oben, in luftiger Höhe, wurde eines der neuesten und spektakulärsten Projekte ambitionierter Gartendesigner realisiert, der *Jardin Atlantique*. Warum ausgerechnet das Thema Atlantik? Weil alle Züge, die den Bahnhof von Montparnasse verlassen, in Richtung Meer rollen.

Ein Holzsteg führt wie ein Naturpfad mitten durch den Schilfdschungel und wenn man die Augen schließt, meint man tatsächlich das Meer rauschen zu hören. Es sind Wasserkaskaden die über eine Mauer stürzen. Vor wellenförmig modellierten Rasenflächen bilden Gräser eine Dünenlandschaft. Unten tobt der Straßenverkehr rund um den Bahnhof, aber hier oben zwitschern die Vögel und streift der Wind sanft über Grashalme, ein fast schon surrealer Kontrast.

Der Aufzug führt wieder hinunter ins brodelnde Leben. Ich gehe links am Tour Montparnasse vorbei, immer entlang einer Filiale der Gallerie Lafayette mit trister Betonarchitektur. In der Rue Littré freut man sich dann über schöne Hausfassaden und hat endlich die Hektik des Bahnhofsviertels hinter sich gelassen. In der Rue J. Ferrandi herrscht sogar paradiesische Ruhe. Ein paar Spatzen zanken sich um Brotkrumen. Aus der Galerie Isabell dringt ein leises „Pok, pok, pok" nach draußen. Jemand nagelt Holzbilderrahmen zusammen. So ist das vielerorts in Paris. Wer die Stadt nur als lautstarke Großstadtkulisse in Erinnerung hat, der ist nie um die nächste Straßenecke gebogen.

Ich biege in die Rue du Cherche Midi ein, für mich eine der interessantesten Straßen in Paris. Die hellen Fassaden

Hier endet die Rue du Cherche Midi

der Häuser blenden in der Sonne. Die Geschäftsleute offerieren die merkwürdigsten Waren, deshalb wechsele ich im Zickzackkurs immer wieder die Straßenseite, um keine der vielversprechenden Auslagen zu verpassen. Wer auf der Suche nach nicht alltäglichen Dingen ist, hier hat man die Gelegenheit sie zu finden.

Hausschuhe aus Rentierfell zum Beispiel, exotischen Schmuck, vielleicht eine polynesische Malerei oder einen bronzenen Vishnu. Die japanischen Vogelkäfige sind auch sehr schön. Ein winziges Geschäft hat sich auf Tarot-Karten spezialisiert, andere auf Brocantes, Flohmarktartikel aus aller Welt.

Jenseits des Boulevard Raspail wird es in den Schaufenstern dann edel und teuer. Die Markisen über den Designer-Boutiquen sind nicht mehr bonbonbunt sondern dezent schwarz oder weiß, très chic. Hausnummer 8, bei „Poilâne", soll es das leckerste Brot von Paris geben. Und woran erkennt man die gute Qualität des Brotes? Oui, oui, am Klang der Kruste! (Wir wissen dies seit dem Film „Ratatouille"). Probieren Sie es hier aus! Die Bäckerei ist herrlich altmodisch eingerichtet.

Die Rue du Cherche Midi endet direkt mit dem Blick auf das ausladende Hinterteil einer merkwürdigen Metall-Skulptur des Bildhauers César.

Wir gehen links herum und sehen schon nach wenigen Metern die wunderschöne Art-Déco-Fassade des imposanten „Lutetia", des einzigen Grandhotels auf der Rive Gauche, der linken Seite der Seine. Es hat eine bewegende Geschichte. Zwischen all dem Prunk von Stuck und Statuen, Kristalllüstern und Brokat haben sich Dramen abgespielt. Eröffnet wurde das prunkvolle Gebäude im Jahr 1910 von der Eigentümerfamilie des Bon Marché, des großen Kaufhauses schräg gegenüber. Es sollte den vermögenden Kunden eine luxuriöse Bleibe bieten, wenn sie nach Paris

„Lutetia": ein Grandhotel mit spannender Historie

kamen, um ihre Einkäufe zu tätigen. Der europäische Geld-
adel quartierte sich in dem vornehmen Palasthotel ein. Die
Künstlerelite folgte. Picasso war hier Gast, Matisse ebenso
und Josephine Baker brachte ihre Kinder mit. Charles de
Gaulle soll seine Flitterwochen in dem stilvollen Ambiente
sehr genossen haben.

Ja, das „Lutetia" hat so manche berühmte Zeitgenos-
sen kommen und gehen sehen, wie das Gästebuch all die
Jahre und Jahrzehnte dokumentierte. Ein schwarzes Ka-
pitel wurde 1940 aufgeschlagen, als Paris kapituliert hatte
und die deutschen Besatzer in dem okkupierten Prunkbau
das Hauptquartier der Abwehr einrichteten. Nach der Be-
freiung wurde es zum Auffanglager für Deportierte. Erst
Jahre später bekam es seinen Glanz als Grandhotel zurück,
in dem es auch heute noch erstrahlt.

Durch den kleinen Park schlendere ich direkt auf das
Bon Marché zu, das älteste der Grand Magasins der Stadt,
das Kaufhaus der Pariserinnen, während sich die Touristen
im Printemps und in der Galerie Lafayette auf der anderen
Seite der Seine tummeln. Das Bon Marché wurde 1852 in
einer lichten Glas-Stahl-Konstruktion erbaut. Emile Zola
hat es in seinem Roman „Au Bonheur des Dames" aus-
führlich gewürdigt.

Die neuesten Kollektionen namenhafter Modedesigner
liegen in den Regalen, teure Prèt-a-Porter-Modelle für die
modebewussten Kundinnen. Natürlich, Paris ist die Stadt
der Mode und das Bon Marché ist ein adäquater Kon-
sumtempel. Die Pariserinnen sind für ihre Eleganz und
ihren sicheren modischen Geschmack, ihren Chic, weltweit
bekannt. Wenn ich so ein Kaufhaus wie das Bon Marché
vor meiner Tür hätte, könnte ich auch zur Stil-Ikone werden. Ich bewundere die Pariserinnen. Zwischen Millionen
Touristen erkennt man sie sofort und zwar an zwei untrüg-
lichen Merkmalen:

Erstens: Eine waschechte Pariserin trägt nie Sneakers oder Flipflops, sondern bewegt sich auch bei 40 Grad im Schatten stets mit hochhackigen Riemchensandalen graziös auf den Schotterwegen der Parks und dem heißen Asphalt der Boulevards. Sie ist immun gegen geschwollene Füße und Blasen. Sie tänzelt auf Stilettos die Metrotreppen hinauf und haucht uns kurz ein „Pardon, Madame" ins Ohr, ehe sie uns rasant überholt und bei roter Fußgängerampel elegant vor den heranbrausenden Autos die Fahrbahn überquert, als sei es ein Laufsteg.

Zweitens: Sie drapiert Tücher und Kashmirschals im Winter und schmale Seidenschals im Sommer gekonnt um Hals und Schultern und verzichtet auf diese Accessoires nie. Dabei beherrscht sie vielerlei Variationsmöglichkeiten und egal ob geknotet, geschlungen oder lässig übergeworfen, es sieht einfach immer anmutig und graziös aus. Wie macht sie das nur? Lernt sie bereits die perfekte Wickeltechnik im Kindergarten oder wird diese von Generation zu Generation weiter vererbt? Ich weiß es nicht und kann nur neidisch hinschauen.

Doch Mode hin oder her, am besten gefällt mir der Gourmet-Tempel des Bon Marché. La Grande Épicerie ist in einem eigenen Gebäude untergebracht, ein wunderbarer Supermarkt der Köstlichkeiten.

Leckereien aus Orient und Okzident liegen in den Regalen, fertig verpackt und alles nur vom Feinsten. Dann die Frischetheken mit Käse, Fleisch oder Meeresgetier, und Fast-Food-Gerichte der Haute Cuisine, wie man sie so wohl nur hier findet: Sandwiches mit Coquilles Saint Jacques, dem leckeren, weißen Muschelfleisch, Garneelen im knusprigen Teigmantel, Hähnchenfleisch mit Zitronensauce. In der Grande Épicerie findet man alle Zutaten für ein Schlemmer-Gelage ohne Ende.

Ich kaufe mir sündhaft teure Stilettos aus Schokolade, und hoffe, dass ich sie nie aufessen werde.

Das Kaufhaus der Pariserinnen: Le Bon Marché

Ich will weiter flanieren, die Rue du Bac entlang, bleibe aber schon nach wenigen Metern stehen. Der Hinweis „Chapelle de la Médaille Miraculeuse" macht neugierig, außerdem wabert inbrünstiger Gospelgesang durch die Lüfte. Das Tor zum Innenhof steht weit offen. Viele Menschen, weiß- und dunkelhäutige, drängen sich in einen kleinen Laden, in dem Medaillen verkauft werden. Ich gehe immer dem Gesang nach und stehe plötzlich in der Kirche. Es ist ein stinknormaler Mittwoch Nachmittag im August und trotzdem ist das Gotteshaus bis auf den letzten Stehplatz gefüllt. Ein lautes, flottes, fröhliches Lied erschallt. Der Chor gibt alles und die Besucher singen und klatschen rhythmisch im Takt.

Sie merken schon, dieser Ort ist ein ganz besonderer. Glücklicherweise klärt eine kleine Informationsschrift auf. Die Kapelle ist eine der wichtigsten Stätten der Marienverehrung und wird von zahlreichen Pilgern aus aller Welt besucht. Der jungen Novizin Catherine Labouré soll im Jahre 1830 die Muttergottes erschienen sein. Sie zeigte ihr eine Medaille und sprach: „Lass nach diesem Muster eine Medaille anfertigen. Jedem, der sie trägt, wird große Gnade zuteil werden." Schwester Labouré wurde 1947 heilig gesprochen. Wie viele Medaillen bisher verkauft wurden, konnte mir niemand sagen, es sollen aber mehrere Millionen sein.

In Paris habe ich schon in den verrücktesten, eigenartigsten, wundervollsten Läden herum gestöbert, in verstaubten Bücherhöhlen, pinkfarbenen Puppenstuben, einem Fingerhüte-Verkaufsraum, der nicht viel größer war als die Ware, Läden für Hundemode und historische Auto-Tachos. Doch das kleine Lädchen hier in der Rue du Bac, vor dem ich gerade stehe, ist noch extremer: es werden Flugzeugteile offeriert, vornehmlich einzelne Propeller, die Chrom blitzend das Schaufenster zieren. Würden sich gut als moderne Skulptur in meinem Garten eignen, aber, wie das so ist, mit uns Spaziergänger/innen: Wir geben kaum Geld aus, weil wir allen unnötigen Ballast meiden. Die Wasserflasche in meinem Rucksack ist schon schwer genug.

Weiter geht es entlang des kleinen Parks der Missions Étrangères, in dessen Blumenbeet eine Büste von Chateaubriand steht. In dem schönen Stadtpalais gegenüber starb der Politiker und Schriftsteller im Juli 1848.

Ich biege in die Rue de Varenne ein und schlendere vorbei an wundervollen alten Stadtpalästen, die leider für den gemeinen Touristen nicht zugänglich sind. Hier haben sich die Politiker niedergelassen, das Entwicklungshilfeministerium, das Landwirtschaftsministerium und in dem schönsten Prachtbau, dem Hotel Matignon, residiert der Premierminister. Der Hang zur Monumentalität wird schon am üppig dekorierten und streng bewachten Eingangsportal deutlich.

Am Ende der Straße, auf der linken Seite, wartet aber eine offene Tür, die direkt zu einem meiner Lieblingsorte in Paris führt, dem Garten des *Musée Rodin*. Es gibt einige Plätze in der französischen Metropole, an denen ich jedesmal denke: "Paris ist wohl die schönste Stadt der Welt!" Der Garten vom *Rodin-Museum* ist auch ein solcher Ort und dies zu jeder Jahreszeit.

Im Winter, wenn der Frost die Statuen erstarren lässt, die Kegeleiben lustige Schneezipfelmützen tragen und von des Denkers Stirn Eiszapfen wachsen. Im Frühling, wenn Blumenbeete und Rasenflächen wie frisch angestrichen erstrahlen. Im Sommer, wenn sich die bronzenen Figuren hinter dichtem Laub, wogendem Schilf und grünem Blätterdach verstecken. Im Herbst ist der Garten komplett in warme Farben getaucht und wenn die Bäume langsam ihr Laub verlieren, strahlt auch das benachbarte goldene

Der berühmte Denker im Garten des Rodin-Museums

Dach des Invalidendoms herüber und die Sonnenstrahlen brechen sich in den blank polierten Popos der Statuen. Es ist nicht verboten sie zu betasten und manche Rundungen sind eben zu verlockend.

Meine Besuche im Jardin Musee Rodin folgen inzwischen einem festen Ritual. Ehe ich die berühmten Bronzestatuen besuche, steuere ich zuerst das kleine Gartenrestaurant an, hole mir Kaffee und Brownies, setze mich auf einen der wackeligen Gartenstühle und freue mich einfach da zu sein. Das Begrüßungskomitee ist vollzählig angetreten. Rund um den Gartentisch haben sich die Museumsspatzen versammelt und der Anführer marschiert vor meinem Kuchenteller hin und her, schaut mir unverhohlen ins Gesicht und kneift keck ein Auge zu, so als ob er mir sagen wolle: „Schön, dass du auch mal wieder vorbeikommst!"

Ich liebe die Spatzen von Paris (im Gegensatz zu den Tauben, die mag ich gar nicht). Man kann sich auf sie hundertprozentig verlassen, braucht nur ein Stückchen Brot in die Hand zu nehmen und schon sind sie da. Ich habe die tollsten Dinge mit ihnen erlebt. Die professionellen Entertainer unter ihnen geben ihre Vorstellungen auf den Plätzen vor Notre Dame, Sacré Coeur und in den Tuilerien. Hier sind ständig Hunderte von Kameraobjektiven auf sie gerichtet und Madame und Monsieur Sperling wissen genau, wie sie ihr Gefieder fotogen in Szene setzten können. Andere, kleinere Straßen-Spatzen-Gangs findet man an weniger frequentierten Orten. Hier, im Garten des Rodin-Museums, hat gerade die Vorstellung der Sperlings-Comedy begonnen. Joe Cool, rechts von meiner Kaffeetasse, wippt mit einem Bein, als ob er „Highway to Hell" von AC/DC anstimmen will. Auf der Stuhllehne spielt sein Kumpel mit dem rechten Flügel Luftgitarre und der Hip-Hopper unter ihnen wälzt sich im Staub vor meinen Füßen hin und her. Aber am allerschärfsten ist die Vorstellung des Clowns dieser gefiederten Theatertruppe: er balanciert drei Schritte auf der Tischkante und lässt sich dann hinunter plumpsen, hüpft wieder hoch, balanciert, wackelt und plumpst. „Jungs, vielen Dank! Ihr habt euch meinen Brownie redlich verdient!"

Und dann gehe ich zu Orpheus, zum Schatten, zum Höllentor (Rodin ließ sich von Dantes Inferno inspirieren) und zu den Bürgern von Calais und möchte wissen, warum Auguste Rodin seinen Figuren viel zu große Füße und Hände verliehen hat und worüber wohl der weltberühmte Denker hoch oben auf seinem Steinsockel sinniert. An warmen Sommertagen kann man sich im hinteren Teil des Parks auf Holzliegen ausstrecken und in Ruhe über alles nachdenken.

Metrostation: Invalides

Infos

- Les Catacombes: Di-So 10-17 Uhr (Einlass bis 16 Uhr), Eintritt 7 €, www.catacombes.info
- Friedhof Montparnasse: Mo-Fr 8-18 Uhr, Sa ab 8:30, So ab 9 Uhr, im Winter nur bis 17:30 Uhr
- Tour Montparnasse: im Sommer von 9:30 bis 23:30, im Winter bis 22:30 Uhr, Eintritt 9.50 €, Kinder 4 €
- Parc Musee Rodin: Di-So im Sommer von 9:30 bis 18:45 Uhr, im Winter bis 17 Uhr, Eintritt: 1 €

Hier lebte und arbeitete Auguste Rodin

Nachwort

Alle Angaben waren zum Zeitpunkt der Recherche aktuell, doch können Läden und Restaurants schließen oder sich verändern. Baustellen können eingerichtet werden. Eintrittskosten steigen oder Öffnungszeiten werden neu festgelegt. Deshalb kann ich für die Richtigkeit meiner Angaben keine Haftung übernehmen. Auf meiner Website

www.paris-spaziergänge.de

bemühe ich mich um ständige Aktualisierungen. Über Ihre Mithilfe und Anregungen freue ich mich sehr und danke Ihnen schon einmal im Voraus.

mail: paris@hella-broerken.com

<u>Folgende Titel der Reihe erscheinen noch in 2008:</u>

* Meine LieblingsMÄRKTE in PARIS
* Meine LieblingsLÄDEN in PARIS

<u>In Planung sind die Titel:</u>

* Meine LieblingsPARKS in PARIS
* Meine LieblingsMUSEEN in PARIS
* Meine LieblingsRESTAURANTS in PARIS
* Paris-Spaziergänge – Band 2